W0226785

Gabriele Buchas

Es ist,
als erwache
die Seele –

Plätze der Kraft in Wien

Ein kontemplativer Reiseführer
zu alten Kirchen und
geheimnisvollen Orten

Für meine Eltern

Impressum:

austria medien service

Verlag und Gesamtherstellung
austria medien service GmbH
Jauerburggasse 21
A-8010 Graz

ISBN: 3-85330-091-6 **2. erweiterte Auflage**

Umschlagfoto:	Bildarchiv, Österreichische Nationalbibliothek, Wien
St. Stephan:	Archiv St. Stephan, Ernst Radler
St. Michael:	austria medien service/Dolc (S. 72 u. 79)
	Pfarrarchiv St. Michael
Minoritenkirche:	Foto Bilas
	Adsy Bernart (S. 86)
Maria am Gestade:	Verlag St. Peter, Salzburg
	Franz Josef Rupprecht (S. 92)
Ruprechtskirche:	Verlag St. Peter, Salzburg
Virgilkapelle:	Peter Buchas
Schönbrunn:	Julia Kirchner
Einsichten und Aussichten:	Wien-Tourismus/Nanja Antonczyk (S. 114)
	Wien-Tourismus/Maxum (S. 123)
	Wien-Tourismus/Maxum (S. 130)
	Klaus Rubik (S. 133 oben)
	Chris Pfaff (S. 132 u. 133 unten)
	Hans-Dieter Schindler
Anleitung zum Gebrauch:	Wien-Tourismus/Maxum (S. 7)

Inhalt

Vorwort

Aufgrund meiner Erfahrung muss ich gestehen: Wenn ein Autor mich bittet, zu seinem Buch ein Vorwort zu verfassen, so ist das für mich immer ein Anlass, dies wohl zu überlegen. Nach einer ersten Durchsicht des Manuskriptes von Gabriele Buchas war ich überrascht über die von ihr dargelegten neuen Gesichtspunkte vergessener und heute unbekannter alter Zusammenhänge. In den letzten Jahren hörte man wiederholt von Geomantie und Radiästhesie als Hinweise auf solche verborgenen und heute neu zu entdeckenden Kräfte in unserer Erde und unserer unmittelbaren Umwelt. Ohne auf Fachfragen einzugehen, überraschte mich der Versuch, in diese wenig bekannte Welt näher einzudringen, und das Bemühen um die Erahnung von Zusammenhängen zwischen der Schöpfung und ihren Wundern und den religiösen Ideen und Glaubensvorstellungen.

Ein Aufenthalt in China, wo ich von Ärzten in Europa kaum bekannte Zusammenhänge zwischen Krankheit und Heilung erfuhr, hat mich hellhörig gemacht für unsichtbare Kräfte, die in unserer von materiellen Werten bestimmten Welt gar nicht mehr wahrgenommen werden; unsichtbare Kräfte, wie sie auch in dem vorliegenden „kontemplativen Reiseführer" angesprochen werden.

In unserer einseitig materialistisch orientierten Welt, die nur mehr die Sorgen des Wohlstandes kennt, haben wir die Zugänge verloren in eine Welt, die auf verborgene Kräfte und Wunder der Schöpfung hinweist. Vielleicht hat mich die Beschäftigung mit der Religionsgeschichte der Menschheit auch dafür sensibel gemacht. Als Mensch und Priester der katholischen Kirche werde ich immer wieder mit letzten Fragen konfrontiert, die suchende Menschen, seien es Christen oder Anhänger anderer Lebensanschauungen, beschäftigen. Und ich stelle fest: Das vorliegende Buch, das den Versuch macht, über unsere materielle Welt hinauszugreifen, weist hin auf jene ungelösten Rätsel des menschlichen Daseins, die seit eh und je die Menschen im Tiefsten bewegen. "Was ist der Mensch? Was ist Sinn und Ziel unseres Lebens? Was ist jenes letzte und unsagbare Geheimnis unserer Existenz, aus dem wir kommen und wohin wir gehen?" – Mit solchen Fragen werden Zusammenhänge feststellbar und wird auf verborgene Bereiche verwiesen, denen menschliche Sehnsucht und Fragen schon immer galten und die religiöse Menschen verbinden mit dem Namen Gottes als Anfang und Ende des Universums.

In diesem Sinn wünsche ich dem vorliegenden, etwas anderen Wegbegleiter – gerade in unserer Zeit des Massentourismus, in der durch die Fülle der Eindrücke alte Zusammenhänge erstickt werden – , dass er sein Ziel erreichen möge, das da heißt, dass die rastlosen Globetrotter innehalten, um Verlorenes und Vergessenes wiederzuentdecken.

Kardinal Franz König

I. Begrüßungsworte

Manchesmal sind sie etwas versteckt, die alten, stimmungsvollen Kirchen in Wien. Werden sie als Plätze der Kraft erkannt ?
Wir wollen Sie dorthin begleiten und hoffen, Unklares klären zu können, Verständnis für längst vergangene „Sprachen" – in welcher Form auch immer – zu wecken und einen Zugang zur christlichen Mystik zu ermöglichen.

Dieses Buch ist ein geomantischer und radiästhetischer „Reiseführer", mit dem wir Sie in verschiedene Kirchen und auch zu „profanen" Plätzen in Wien führen wollen, wo Sie unsichtbaren Kräften begegnen. Diese Kräfte können Besucher bewegen, erschüttern, befreien, kräftigen und erheben. Es ist ein bestimmter „Geist des Ortes", der auf diesen energiespendenden Plätzen der Kraft weht. Wir werden uns diesen Plätzen und Räumen gebührend nähern und versuchen, dabei den „Geist des Ortes" zu beschreiben.

Kontrastierend zu den sakralen Bauten erheben sich die politischen Machtzeichen und die profanen Gebäude. Oft mächtig und hochragend, als ob sie eine Verbindung nach oben im Sinne einer Legitimation suchten. Auch ihre Wirkung auf die Menschen und die Problematik ihrer Standorte wollen wir kurz beschreiben.

Beispielsweise sind die alten Hinrichtungsstätten – jetzt baulich umgrenzte Plätze – noch im Stadtgefüge energetisch spürbar. Diese Orte sind noch immer geprägt von einer diffusen Schwingung, hier ist noch Leid, das noch nicht aufgelöst ist. Akzeptiert man aber diese Energie, setzt sich mit ihr auseinander, so kann man ihr ihren rechten Platz zuweisen .

Gebete, verbindende Rituale, Tanz und Musik können die Qualität eines Platzes verbessern. Das heißt nicht, dass die Vergangenheit und die Geschichte des Ortes damit vergessen sind – aber es entwickelt sich dadurch vielleicht die Möglichkeit zu verzeihen.

Entdecken wir gemeinsam die Orte der Kraft mit Kinderherzen:

offen, durchlässig und neugierig –

Machen wir uns auf die Suche nach dem Genius Loci.

Gabriele Buchas und das

Team der Geomanten und Radiästheten

II. Anleitung zum Gebrauch

Auf den nächsten Seiten bieten wir Ihnen einen allgemeinen Überblick über die Geomantie und die Radiästhesie. Die Geomantie ist ein sehr altes Wissen, das auf den Erfahrungen früherer und heutiger Völker aufbaut. Sie stellt einen Zusammenhang her zwischen dem Verhalten und dem Gesundheitszustand des Menschen sowie seiner Gefühle und dem Ort, an dem er lebt. Für uns sind die „Orte der Kraft" interessant. Das sind genau feststellbare, geografische Orte mit unterirdischen Energien. An solchen auserlesenen Stellen gibt es einen Kräfteaustausch zwischen Himmel und Erde. Es sind besonders energiespendende Plätze mit kosmisch-terrestrischer Wechselwirkung, deren Einflüsse auf den Menschen wir zu beschreiben versuchen.

Die Radiästhesie bietet nun die Werkzeuge und Techniken zur Auffindung verschiedener Energien an. Die Radiästheten sind fähig, mit Rute und Pendel die den meisten Menschen verborgenen Strahlungen unter und über der Erde, in der Natur, an Pflanze, Tier und Mensch wahrzunehmen und nach bestimmten Grundsätzen und Methoden zu deuten. Die Rute und das Pendel verwendet man als „Anzeigegeräte", um die Ergebnisse der Untersuchung (oder Mutung) sichtbar zu machen. Die Handhabung der Rute und des Pendels werden wir jedoch hier nicht erklären, der interessierte Leser sei diesbezüglich auf die einschlägige Fachliteratur verwiesen. Sollten Ihnen manche der verwendeten Begriffe fremd sein, so benützen Sie bitte das Glossar im Anhang dieses Buches.

Folgende sakrale „Orte der Kraft" haben wir ausgewählt:
den Dom zu St. Stephan, die Pfarrkirche St. Michael, die Kirche der Minderen Brüder am Minoritenplatz, die Kirche Maria am Gestade, die Ruprechtskirche und die unterirdische Virgilkapelle.

Im profanen Bereich wählten wir die Menagerie und die Gartenanlage des Schlosses Schönbrunn sowie den Wiener Zentralfriedhof. Aber auch den Plätzen mit abziehender Energie wichen wir nicht aus: Wir entschieden uns für die Flaktürme im Wiener Augarten. Erweiternd beschreiben wir auch noch einige Wiener „Merkwürdigkeiten" mit magischem Bezug.

Zu den einzelnen Objekten gibt unser Thema einen Abriss der Baugeschichte und eine Anführung der wichtigsten Sehenswürdigkeiten. Jeweils ergänzt werden diese Ausführungen durch einen Grundrissplan in dem die „Orte der Kraft" eingezeichnet sind, die dann genau beschrieben werden. Dazu bieten wir Ihnen Fachwissen aus der Geomantie und zur jeweiligen Thematik Ergänzungen aus verschiedenen Wissensgebieten wie z.B. der christlichen Mystik, der Zahlensymbolik und der Symbolik allgemein.

Was dieses Buch nicht leisten kann und will: Es ist kein kunsthistorischer Führer und auch kein wissenschaftlicher Beitrag zur Stil- und Baukunde oder Ikonogra-

phie. Das Haus Gottes, die mystische Kapelle, der Platz und die Türme – mögen sie durch diesen Reiseführer in ihrer Ganzheit erfasst werden und möge unser Zugang zu den „Orten der Kraft" Sie zu weiteren Entdeckungen der Sinnhintergründe anregen. Die Offenheit Ihrer Sinne wird es Ihnen ermöglichen, Ihren individuellen Ort der Kraft zu erkennen*, wo immer er sich befinden mag.

Mache dich auf,
Werde Licht,
Denn dein Licht kommt.
Und die Herrlichkeit des Herrn
geht auf über dir.

(*Jesaja* 60,1–22)

* Erkennen bedeutet im Altorientalischen eine Verbindung eingehen, eine Verbindung aufnehmen.

III. Zum Geleit: Allgemeine Erklärungen zur Geomantie

Das Wort „Geomantie“ setzt sich zusammen aus dem griechisch-lateinischen „Geo“ (Erde) und aus „manteia“ (das Weissagen). Geomantie versucht, die Identität einer Landschaft durch Naturbeobachtungen, durch Gestaltinterpretationen und durch ein Wahrnehmen des Unsichtbaren und Geistigen zu erkennen und wahrzunehmen. Die Geomantik ist die alte Wissenschaft der Wechselbeziehungen zwischen den Energien des Kosmos, der Erde und des Menschen.

Die Natur wurde in längst vergangenen Zeiten als lebendig betrachtet, was in zahlreichen Legenden und Mythen festgehalten ist. So wurden die Quellen als Symbole des Lebens und der Fruchtbarkeit gesehen, und jede Quelle hatte ihren eigenen Quellgeist. In den Bäumen wohnten die guten Feen, in den Höhlen Geister und Zwerge. Unsere Vorfahren blickten auch gegen den Himmel, und sie deuteten die Gestalt des Mondes, der Sonne und den Lauf der Gestirne. Zum Beispiel wussten die Ägypter, dass wenn Sirius am östlichen Horizont aufstieg, Hitze und Überschwemmungen über das Land kommen würden. Der Aufgang der Hyaden, einer Sternenanhäufung im Sternbild des Stieres, wiederum kündigte Anfangs Oktober in Griechenland die Regenzeit an. Für unsere Ahnen, für die Sammler und Jäger der Vorzeit, war es lebensnotwendig, ihre Umgebung genau zu kennen. Sie prägten sich die Gestalt der Berge, der Höhlen, der Haine genau ein. Sie merkten sich die Plätze, die die Tiere aufsuchten, auf denen sie still verharrten und die, die sie mieden. Die letzte Erkenntnis ist häufig als Motiv in den Gründungslegenden der Wallfahrtskirchen zu finden. Aber nicht nur das Praktische und Nützliche war wichtig, sondern auch die Symbolkraft. „Heilige Orte“ wurden von der Menschheit niemals willkürlich als solche bezeichnet, immer musste an diesen Orten eine Beziehung zum Unerklärbaren, zum Numinosen bestehen.

Die Berücksichtigung von heiligen Orten ist uns aus den Überlieferungen fast aller Urvölker bekannt. Sie stellten die Kommunikation mit der Natur in einer sehr lebhaften Sprache dar.

Sehr bekannt sind die Weisheiten der Indianer, der Mayas, Inkas, aber auch die der alten Chinesen und der Aborigines Australiens und vieler afrikanischer Stämme. Diese Kulturen wollen im Einklang mit der Erde und dem Kosmos leben, und sie haben die Fähigkeit, die geheimnisvollen Kräfte von Erde und Kosmos zu beobachten und sie verstehen es auch, diese Kräfte zu nutzen. Bei den erwähnten Weisheiten handelt es sich um das Wissen, dass alle Lebewesen dieser Welt unter dem Einfluss von Himmel und Erde stehen und dass es, um in Gesundheit und Glück leben zu können, notwendig ist, in Harmonie mit diesen Einflüssen zu leben.

Dieses Wissen, die Geomantie, war über Jahrhunderte hinweg Grundlage für die Planung von Landschaften, Orten, Heiligtümern, Kirchen, Parkanlagen und Schlössern. Bis in das Mittelalter war es üblich, eine neue Stadt nach geomantischen Kriterien anzulegen. Die Anlagen der Straßenzüge und Platzierungen der Gebäude nahmen Rücksicht auf die von der Natur vorgegebenen heiligen Orte und Kraftlinien. Die Stadt wurde im Mittelalter als ein Heiligtum erlebt, als Ziel und Kreuzungspunkt von Pilgerwegen, als Komposition von Gnadenstätten über den Reliquien von Märtyrern und Stadtpatronen. Es wurden zum Beispiel Pilgerwege, die bei Kirchen enden, vorzugsweise auf den Yin-Kraftlinien errichtet. Deren Kraft wirkt abziehend und reinigend, aber auch seelenerhebend (siehe Glossar). Schon alleine das Barfußlaufen der Pilger früherer Zeiten, das die Durchblutung anregte, das Atmen der frischen Luft und das Singen und das Fasten entschlackten Körper und Seele. So konnten Krankheitsstoffe über die Fußsohlen durch die Erde und das Wasser abgezogen werden.

Bei der Kirche St. Stephan zum Beispiel gab es eine ehemalige Pilgerstraße, die entlang des heutigen Grabens führte. Die Bezeichnung Graben führt uns zurück in die Römerzeit: Angrenzend verlief hier die römische Stadtmauer, deren behauene Steine und Ziegel polarisiert waren und so verlegt wurden, dass die abziehende Yin-Kraft nach außen wirkte. Gotteshäuser wurden oft über unterirdischen Wasserläufen und Quellen gebaut. Es waren die Berührungspunkte zwischen Himmel und Erde. Die Intuition der Menschen machte es möglich, mit diesen Energien gut umzugehen, sie zu achten und zu integrieren. Eine Stadt als Gesamtorganismus hatte dadurch ihr energetisches und emotionales Gleichgewicht.

Was versteht man nun unter „energetischem Gleichgewicht"?

Folgendes bekannte Beispiel soll diesen Begriff verständlich machen:
Zwei Menschen haben in einem Raum gestritten. Wir betreten den Raum nach dem Streit und können Spannungen, „dicke Luft", wahrnehmen. Die Energie des Ortes ist verändert. Gefühlsmäßig spüren, erahnen wir die energetische Störung, was in uns eine emotionale Empfindung auslöst.

Die großen Schlachtfelder der europäischen Geschichte, die mittelalterlichen Hinrichtungsplätze in den Städten, das furchtbare, unermessliche Leid der Menschen in den Konzentrationslagern – menschliches Vergehen in solchen Ausmaßen bringt es mit sich, dass diese Orte – auch noch nach Jahrhunderten – nicht im energetischen Gleichgewicht sind, und das wirkt sich auf das Gemüt der Bewohner aus. Die Energie der Menschen, die sich an solchen Orten aufhalten, wird vermindert, reduziert.

Aber auch die rationale Stadtplanung kann das energetische/emotionale Gleichgewicht der Städte verändern. Ein Beispiel dafür wäre der Wiener Zentralfriedhof, der 1874 im Südosten der Stadt errichtet wurde. Bereits an die 3,000.000 Tote ruhen dort. Eine subtile, energetische Blockade für die Stadt durch die „Stadt der Toten" ist nicht auszuschließen. Vielleicht gab es diese Blockade schon, vielleicht äußerte sie sich im künstlerischen Bereich? Ein geeigneter Bereich für die Friedhöfe ist der Westen der Stadt. Dort ist der Beginn der Stille und der Bereich der Entladung oder Auflösung von Energien.

Bei der Stadtplanung wäre zu achten auf:

- ✦ dic Ortc dcr Kraft: Gotteshäuser, Kreuze, Marterln, Marktplätze, Pilgerwege
- ✦ Hinrichtungsorte, verwunschene Plätze, Spukbereiche
- ✦ unterirdische Wasserläufe, Erdverwerfungen
- ✦ unterirdische Strukturen wie Tunnel, Kanäle, Strom- und Telefonleitungen
- ✦ Handymasten
- ✦ Straßenverläufe
- ✦ den naturnahen Charakter der begradigten Flüsse
- ✦ natürliche Erholungsräume
- ✦ Bodenbeschaffenheit bei Bauten, Baustoffe, Gestalt und Ausrichtung des Gebäudes, Harmonie der benützten Maße, rituelle Elemente (z.B. Dachgleichenfeier)

Die heiligen Orte – welche auch immer – wirken dagegen energieversorgend. Die Lebensqualität wird gesteigert. Durch die Sensibilisierung der intuitiven Wahrnehmung wird man bald in der Lage sein, feine Unterschiede in der Qualität der Plätze zu erkennen. Oft sind an heiligen Orten Zeichen gesetzt (Kirchtürme, Minarette), manchmal sind solche Zeichen verwachsen, vergessen wie alte Steinmonumente und manche heilige Orte sind gar zeichenlos in unserer sichtbaren Welt.

Über die an solchen Orten wirksame Energie sagt Marco Bischof:

„Diese Energie ist jedoch von grundsätzlich anderer Natur als die bekannten physikalisch messbaren Energien – im engeren physikalischen Sinn ist es noch nicht einmal Energie, da sie (direkt) keine Arbeit zu leisten vermag. Im Grunde füllt oder durchdringt diese Energie oder dieser Äther, Raum und Objekt auch nicht, sondern ist vielmehr mit dem Raum identisch. Dieser Raum ist gleichzeitig äußerer, materieller und innerer, seelischer Raum."

Cyril Smith, ein Naturwissenschaftler, der sich mit Energie, Information und Form beschäftigt, konnte bei seinen Forschungen ganz klar die Existenz strukturbildender, also morphogenetischer Felder hervorheben.

„Es sind Felder, die sich von den elektrischen oder magnetischen Feldern unterscheiden. Sie haben u.a. Eigenschaften wie Reflektion und Leitfähigkeit. Andrerseits können diese Felder aber auch raum-zeitlos sein, nicht-lokal und sie haben psychische Wirkungen und können emotional beeinflusst und gesteuert werden."

Die Geomantie kennt mehr als nur eine Wirklichkeitsebene. Die Erde wird als lebender Organismus verstanden. Insgesamt werden vier Dimensionen der Landschaft beschrieben. Neu ist das nicht, bereits Agrippa von Nettesheim hatte im 15. Jahrhundert Ähnliches gesagt. Es handelt sich dabei um die

- ✦ physische Dimension der Erde,
- ✦ die vital-energetische Dimension,
- ✦ die emotionale oder gefühlsmäßige Dimension
- ✦ und die geistig-seelische Dimension.

Bild rechts: „Der Schöpfer, die Welt messend"
Bible moralisée, 13. Jhdt. Nat. Bibl. Wien, Cod. 2554 fol. Iv.

CRIE DEX CIEL ET TERRE SOLEIL ET LVNE ET TOZ

Diese Dimensionen kann man nun auch auf den menschlichen Körper übertragen. Rudolf Steiner, der Begründer der Anthroposophie, sprach von einem hierarchischen Aufbau der seelisch-geistigen Welt beim Menschen:

„Der Leib des Menschen gehört der physischen Welt an, und die drei anderen Wesensglieder sind von übersinnlicher Natur. Alle vier Wesensglieder wirken ständig im Menschen zusammen. Sie machen das Wesen Mensch aus und der Mensch wird krank, wenn ihre harmonisch abgestimmten Wirksamkeiten in Unordnung geraten."

Mit unserer menschlichen, persönlichen Wahrnehmung stehen wir in Beziehung zu den verschiedenen Landschaftsdimensionen oder Qualitäten. Dieser Wahrnehmungsprozess geschieht über die weiter unten beschriebenen vier Wesensglieder beim Menschen. Es ist ein ästhetisch-körperlich, emotionaler und feinstofflicher Austausch mit unserem Lebensraum und seinen Qualitäten. Je besser wir auf unser Unbewusstes, auf unsere Sinne, auf unsere Seele und den Geist achten, desto inniger und liebevoller wird unsere Beziehung zum Leben unserer Umgebung. Dazu gehört das Leben der Mineralien, Pflanzen, Tiere und Menschen.
Im Folgenden seien die Dimensionen, sowohl die der Erde als auch die des Menschen, kurz beschrieben:

Die vier Dimensionen der Erde:

1. **Die physische Dimension der Erde:**
   Das ist die sichtbare Landschaft, die sich in den Landschaftsformen ausdrückt. Die uns im naturwissenschaftlichen Sinn bekannten ökologischen Wechselwirkungen laufen in dieser Dimension ab.

2. **Die vital-energetische Dimension:**
   In dieser Dimension befinden sich die Kraftlinien (Ley-Linien) und Erdstrahlen (Wasseradern, Hartmann- und Currynetz), die ähnlich den Chakren beim Menschen die Erde in Form eines Energieliniensystems mit Energie versorgen. Diese Lebensenergie entspricht dem chinesischen Ch'i, dem indischen Prana und dem europäischen Od. Da diese zweite Dimension zur materiellen Gestalt unseres Planeten gehört, können die Erdstrahlen mit Hilfe der Radiästhesie wahrgenommen werden.

3. **Die emotionale oder gefühlsmäßige Dimension:**
   Das ist die Welt der Elementarwesen. Dabei handelt es sich um die uns aus den Märchen bekannten Wesen wie Feen und Elfen, Gnome und Zwerge, um Riesen und Faune etc. Sie werden als Wesen mit eigenem Energiekörper und eigenem Bewusstsein beschrieben. Manche Menschen haben die Fähigkeit, mit diesen Wesen auf der gefühlsmäßigen Ebene zu kommunizieren. Die Elementarwesen sind wichtig, sie sorgen für eine „belebte Landschaft". Sie werden gefühlsmäßig wahrgenommen. Für ihre Wahrnehmung gibt es keine radiästhetischen Werkzeuge.

4. **Die geistig-seelische Dimension:**
   Ihr Ausdruck sind die sogenannten Landschaftsheiligtümer. Das sind Orte, Berge, Haine etc., die für die Landschaft eine Schlüsselfunktion übernehmen.

Bei ihnen kann ein besonders intensiver Austausch zwischen himmlischer und irdischer Energie stattfinden. Es sind Kraftbrennpunkte, die ähnliche Funktionen ausführen wie die Organe im menschlichen Körper (z. B. Reinigungs- und Sendefunktion). Dies gilt auch für die „Stadtlandschaften", denn oft wurden Städte (und Gotteshäuser) an geomantisch wichtigen Punkten in der Landschaft gegründet. Marco Pogacnik, ein bekannter slowenischer Künstler und Geomant, spricht unter anderem von Ein- und Ausatmungspunkten, die für die energetische Atmung größerer Landschaftsteile wichtig sind.

Die vier Wesensglieder des Menschen:

I. Der physische, sichtbare Leib des Menschen:
Er braucht hier nicht näher erläutert zu werden.

II. Der Lebens- oder Ätherleib oder das ätherische Doppel wird auch als energetischer Körper bezeichnet:
Er ist ein feinstofflicher Körper, der unsichtbar und eng wie eine „zweite Haut" am physischen Körper anliegt. Dieses ätherische Doppel vereinigt und bündelt die Einflüsse der anderen Körper und überträgt sie auf den physischen Körper. Im Ätherleib befinden sich die Chakren (Bewusstseinszentren), deren vitale Kräfte den Ätherkörper beleben und die Energie an den physischen Körper weiterleiten. Der Ätherkörper ist somit für die Energie und Vitalität des Körpers von entscheidender Bedeutung. Er transportiert/vermittelt die emotionalen und mentalen Einflüsse der anderen Körper, die sich stimulierend, bremsend oder blockierend auswirken. Hier liegen die meisten Ursachen für das Gleichgewicht oder die Störung der menschlichen Harmonie. Der Ätherkörper wird als ein gasförmiges Gewebe, das den physischen Körper mit einer Strahlenlänge von 1 bis 3 cm umgibt, beschrieben. Die ersten beiden menschlichen Körper gehören zusammen, solange der Mensch inkarniert, d.h. sich verkörpert. (Die Reinkarnation ist die Wiedergeburt von Seelen Verstorbener, die so lange inkarnieren, bis die notwendigen Erkenntnisse und Aufgaben im Irdischen erfüllt sind, um endgültig dem himmlischen Zustand gerecht zu werden. Diese Vorstellung der Seelenwanderung gehört zu den drei großen Religionen des Ostens: Hinduismus, Buddhismus und Jainismus.)

III. Der Seelen- oder Astralleib, auch Emotionalleib genannt:
Auch dieser Körper ist feinstofflich, unsichtbar und beherbergt die inneren Gefühle und Empfindungen. Er ist der Begierdenkörper, der an sich zieht, was er begehrt. Er kann gemeinsam mit dem mentalen Körper für psychosomatische Beschwerden verantwortlich sein. Bewegende Kräfte für den Astralkörper kommen aus dem Kosmos, den Sternenwelten, die dem Menschen und der Natur Eigenbewegung und Rhythmus geben. Des Nachts reist die Seele in die Astralwelt, jedoch haben wir zumeist keine Erinnerung daran. Ändert sich unser alltägliches Bewusstsein, dann ist ein erwachter Zugang zu dieser anderen Sphäre, der astralen Welt, möglich.

IV. Der mentale Körper oder auch das Ich oder Kausalkörper:
Er ist ein ebenso unsichtbares „Wesensglied". Der Impuls kommt nun von der

Kraft der Gedanken, des Ichs, des Geistes. Der mentale Körper kontrolliert die anderen Körper, die Gefühle und die Stimmungen. Mit dem mentalen Körper hat der Mensch die Fähigkeit, Bewusstseinskräfte zu entwickeln und zur Entfaltung zu bringen wenn das niedere Denken zur Seite geschoben wird und eine innere Freiheit Raum findet. Der Mensch kann nun Brücken zu höheren Welten errichten.

Die beschriebenen irdischen Dimensionen der Erde stehen in Wechselwirkung zueinander. Es gibt somit einen dynamischen Kraft- bzw. Energieaustausch der einzelnen Dimensionen durch die Kraftlinien, durch die Elementarwesen und die Landschaftsheiligtümer.

Auch die verschiedenen menschlichen Körper überlagern und durchdringen einander, verbinden sich aber auch gebend und nehmend miteinander. Der physische Körper wird ovalförmig von den anderen umhüllt. Diese Umhüllung ist die Aura, die hellsichtige Menschen sehen können. (Die Aura kann durch eine bewusste emotionale Einstellung und Konzentration als verschiedenfarbiges Licht wahrgenommen werden.)

Aus dieser Betrachtungsweise lässt sich ersehen, dass dem physischen Körper des Menschen und des Planeten Erde drei weitere Wesensglieder beziehungsweise drei weitere Dimensionen übersinnlicher Natur zugehören. Sie formen das „Wesen Mensch“ und gestalten die „Mutter Erde“. Geschieht es nun, dass diese göttlich und harmonisch abgestimmten Wirksamkeiten in Unordnung geraten und wir auch ihre Hüter, die Engel, nicht mehr erkennen und achten und uns von ihnen nicht mehr ergreifen lassen, so erkranken wir – und auch unsere Erde.

Hinter den unterschiedlichen Dimensionen und Wesensgliedern gibt es aber nur eine Kraft, es ist die universale Allmacht dessen, den wir Schöpfer, Erhalter, Gott nennen. Der große Physiker Max Planck äußerte sich wie folgt über diese Kraft:

„Als Physiker, also als Mann, der sein ganzes Leben der nüchternsten Wissenschaft, nämlich der Erforschung der Materie, diente, bin ich sicher vom Verdacht frei, für einen Schwarmgeist gehalten zu werden. Und so sage ich Ihnen nach meinen Erforschungen des Atoms dieses: Es gibt keine Materie an sich! Alle Materie entsteht und besteht nur durch eine Kraft, welche die Atomteilchen in Schwingungen versetzt und sie zum winzigsten Sonnensystem des Atoms zusammenhält. Da es aber im ganzen Weltall weder eine intelligente noch eine ewige Kraft an sich gibt, müssen wir hinter dieser Kraft einen bewussten intelligenten Geist annehmen. Dieser Geist ist der Urgrund aller Materie. Da es aber Geist an sich allein nicht geben kann, sondern jeder Geist einem Wesen zugehört, müssen wir zwingend den Bestand von Geistwesen annehmen. Da aber auch Geistwesen nicht aus sich selbst sein können, sondern geschaffen worden sein müssen, so scheue ich mich nicht, diesen geheimnisvollen Schöpfer ebenso zu nennen, wie ihn alle Kulturvölker der Erde GOTT genannt haben.“

IV. Ein Einblick in die geschichtliche Entwicklung der Geomantie

1. Die Steinzeit

Die frühesten geomantischen Monumente und Bauten in Europa gehören der vorgeschichtlichen Megalith-Architektur der Jungsteinzeit (4800–2800 v. Chr.) an. Bekannt sind ihre großen Steinbauten, die der Zeit ihren Namen gegeben haben. Megas heißt auf griechisch „groß" und lithos ist der „Stein". Ein wichtiger Schritt in der Entwicklung der Menschheit erfolgte beim Übergang von der Altsteinzeit zur Jungsteinzeit („Neolithische Revolution"): Der Übergang vom nomadisierenden Jäger zum sesshaften Bauern. Nun gab es Ställe und Weiden, Körner und Samen wurden ausgesät und vervielfacht geerntet. Da die Menschen größtenteils von dem lebten, was der Acker und die Weidegründe ihnen spendeten, war deren Fruchtbarkeit lebenswichtig. Höhere Wesen stellten sie sich in Form von Fruchtbarkeitsgöttern vor.

Bei vielen Völkern und Stämmen gab es ein gemeinsames megalithisches Brauchtum. Ihre Anlagen weisen eine Vielfalt baulicher Variationen, wie Dolmen, Menhire, Steinkreise, Steinreihen und Grabhügel auf. Das gilt auch für die Bauweise und Anlage der Grabkammern, deren Grundprinzip senkrecht stehende Steine sind, die mit waagrecht daraufliegenden flachen Decksteinen eine Kammer bilden. Wahrscheinlich wurden die Steinmonumente für verschiedene Zwecke verwendet: als Bestattungsorte, Kultanlagen, Opferplätze, Observatorien und auch als territoriale Kennzeichnungen und Abgrenzungen eines Siedlungsgebietes.
Man nimmt auch an, dass der weltweiten Verbreitung der Megalith-Kultur ein geschlossenes, religiöses System zugrunde lag.

Die einfachste Form der Megalithgräber sind die Urdolmen (Dolmen, kelt. tol: Tisch; men: Stein; breton.: Steintisch),einfache Kammergräber, bestehend nur aus Trag- und Decksteinen. Häufig wurden sie mit runden oder länglichen Erdhügeln bedeckt. Sie werden gerne auch als „Hünenbetten" bezeichnet. „Denn zu jener Zeit gab es Riesen auf der Erde." (Altes Testament).
Auch unter radiästhetischen Gesichtspunkten sind die „Hünengräber" von Interesse.

„Das Raumgitter (siehe dazu das Kapitel Radiästhesie) liegt abgedrängt um den Dolmen herum, der innere Raum ist somit ungestört und neutral – eine schützende Höhle", so mutete und beschrieb Blanche Merz die Megalith-Architektur in ihrem Buch über wenig bekannte kosmo-terrestrische Energien.

Die horizontalen Steingebilde „liegen" (stehen) für die Fruchtbarkeit und werden daher als weiblich betrachtet. Das weibliche empfängt und gibt – es ist eine umhüllende, schützende Höhle. Hier wirkt eine passive Kraft, eine nach innen sich verstärkende, langsam wirkende Energie, die Seelen erheben kann und Inspirationen und Visionen begünstigt. Sie entspricht dem chinesischen Yin (siehe Glossar). Viele Hünengräber sanken im Laufe der Zeit tiefer in die Erde ein, so dass man heute in ihnen nicht mehr stehen kann. Vielleicht haben einige von ihnen für Rituale und als Heiligtümer der Mutter Erde gedient. Oft werden sie auch als Vorläufer der Krypten, der unterirdischen Grabanlagen unter dem Chor romanischer und gotischer Kirchen, gedeutet. Häufig gibt es in den Dolmen Schalensteine in verschiedensten Größen. Diese künstlichen Vertiefungen sind weltweit durch Menschenhand, in zumeist runder, seltener in ovaler Form, durch Bohren oder Picken entstanden. Diese manchmal sehr kleinen Schälchen weisen auf eine Kultstätte hin. Die Opfer (-gaben) wurden nämlich in diesen Schalen dargebracht. Warum opferte man damals? Das Opfer wurde als ein Austausch zwischen Geben und einem dafür erwünschten Empfangen verstanden. Und man gab sehr oft das Kostbarste, das man hatte – das menschliche Leben.

Hin und wieder wurde Jahrtausende später das noch örtliche Brauchtum mit solchen Schalensteinen verbunden. Zum Beispiel wusch man sich mit dem in den Schalen angesammelten Wasser, oft zu bestimmten Zeiten, wie z.B. an den Lostagen. Es wurden die Hände, die Füße, die Augen oder das Gesicht mit dem weichen, „mütterlich-reinigenden“ angesammelten Regenwasser gewaschen. Dabei wurden Gebete und Sprüche aufgesagt in der Hoffnung, Schutz und Gesundheit zu erhalten. Es gibt aber auch „männliche“ Steine. Das sind die Menhire (kelt. men: Stein; hir: lang; breton.: aufrechtstehender Stein), die von verschiedenen Größen (bis zu 20 m) und unterschiedlichen, kultischen Bedeutungen einzeln oder in Gruppen und Reihen teilweise neben oder auf den Gräbern errichtet worden sind. Über den Zweck der Menhire gibt es zahlreiche Vermutungen: So können sie u.a. als Grenzsteine gedient haben, auch galten sie als Wohnort einer Gottheit und man glaubte auch, dass ein Verstorbener in dem Stein seine Wohnung hatte.

Das Verbreitungsgebiet der Menhire erstreckt sich über England, Frankreich, Deutschland und Skandinavien, wo sie Bautasteine genannt werden. In Deutschland sind sie als Hinkelsteine bekannt. Schleppt nicht Obelix, Freund und Gefährte von Asterix, einen Hinkelstein mit sich herum? Manche Steine sind behauen, sie deuten Gesicht und Arme an – sie werden als Menhirstatuen bezeichnet. Die Menhire entsprechen dem chinesischen Yang (siehe Glossar), sie haben eine durchdringende, energievolle Ausstrahlung. „Sie stehen auf Kreuzungspunkten von unterirdischen Netzgittern. Das Raumgitter nach Hartmann wird gleichsam vom Stein angezogen, so Blanche Merz, und „verformt sich in diesem Bereich“. „Die Radioaktivität ist im engen Umfeld erhöht und mittels Magnetometer lassen sich Veränderungen im lokalen Magnetfeld feststellen.“

Da die Menhire auf Energielinien oder auch auf Kreuzungspunkten stehen, kann die aufsteigende, terrestrische Kraft bis zur Spitze hin „aufgesaugt“ werden und kosmisch aufgeladen werden. Diese „kosmische Ladung“ wird als Numen bezeichnet. Hier findet so ein Austausch zwischen irdischer und kosmischer Kraft statt. Durch den Menhir wird die Energie – gleich einer Antenne – auf die Umgebung verteilt, um die Fruchtbarkeit der den Menhir umgebenden Landschaft zu unterstützen. Wahrscheinlich hat man ebenso in Ägyten die „steinernen Nadeln", die Obelisken, auf sensiblen Punkten der Erdkruste errichtet und führte dadurch eine Art Akupunktur durch. Die Wirkungen der abgezogenen Erdkraft konnten auf vielfältige Weise verwendet werden. So scheint es, dass es weltweit zu allen Zeiten eingeweihte Menschen gab, die ihre Kenntnisse über die Mutter Erde in Verbindung zum befruchtenden Himmel in kultischen Bauten und Zeremonien umsetzten.

„Ich bin das Männliche
Du bist das Weibliche
Ich bin der Himmel
Du bist die Erde
miteinander sind wir das Universum ..."

(Blanche Merz)

Bei manchen untersuchten Megalith-Anlagen erkannte man, dass man sie als „immerwährende, steinerne Kalender" errichtet hatte. Zu den Tag- und Nachtgleichen und zu den Sonnwendtagen werden bestimmte Punkte dieser Anlagen von der Sonne beschienen. Eine solche Anordnung setzte natürlich genaue astronomische Kenntnisse voraus. Unter diesen Anlagen sind die Cromlechs (bret. crom: krumm; lech: Stein) zu nennen, die Steinkreise, die allerdings nicht immer kreisförmig angelegt sind. Das größte kreisförmige Cromlech der Welt liegt in Avebury in Südengland. Das weithin bekannte Stonehenge, bei Salisbury, wurde etwa von 3300–1800 v. Chr. zur gegenwärtigen Anlage ausgebaut. Observatorium und Kalendarium, Begräbnisort oder Heiligtum – was konnten die Steinkreise noch darstellen? Waren sie Kraftzentren mit Heilwirkungen? Vielleicht gab es ein markiertes Zentrum im Kreisinneren, wo die abstrahlende Kraft der Steine zusammentraf? In Stonehenge bildet ein hufeisenförmiger Komplex das Zentrum, der den sogenannten „Altarstein" umgibt. Wenn hier ein Magier stand, konnte er mit „Mega-Power" versehen, Wünsche der Seele formulieren – damit sie sich im Stofflichen erfüllen mögen! Dass er dabei von Gehilfen und durch Gesänge und Musik unterstützt wurde, ist gut vorstellbar. Auch viele spätere Heiligtümer wurden mit Cromlechs in Form von Arkaden, Kolonnaden umgeben. Astronomie und Astrologie waren ab der Jungsteinzeit bis in das frühe Mittelalter eng miteinander verbunden, denn für die Menschen früherer Zeiten war die aus den Sternenkonstellationen gewonnene deutende Vorausschau ebenso wichtig wie die realitätsbezogene Kalendererstellung für die Bewältigung des täglichen Lebens. Ungenauigkeiten natürlicher und menschlicher Art waren bei Kalenderreformen jedoch kaum vermeidbar.

2. Die Kelten

Die Streitfrage nach ihrem genauen Ursprung füllt mittlerweile Bände. Man ist geneigt, einen jahrhundertelangen Werdegang anzunehmen. Unser Wissen über sie beziehen wir in erster Linie von den griechischen und römischen Schriftstellern, die über kriegerische Begegnungen mit ihnen berichteten. Caesar war der erste antike Autor, der zwischen Kelten und Germanen unterschied. Das entscheidende Merkmal für die Verschiedenheit ist die Sprache.

Die Kelten werden als Träger der Hallstatt-Kultur und der nachfolgenden La-Tène-Kultur in der Zeit von etwa 800–450 v. Chr. genannt. Für die weiter zurückliegenden Perioden, die Urnenfelder-Bronzezeit 1200–800 v. Chr. oder gar die Hügelgräber-Bronzezeit 1500–1200 v. Chr. werden die Annahmen über das „keltische" ungewiss. Klarer wird ihre Geschichte nach der Zeit um 500 v. Chr. Eine rasche Expansion aus dem Voralpenraum in alle Himmelsrichtungen außer nach Norden, wo bereits die vordringenden Germanen siedelten, begann. Die Kelten hinterließen uns keine schriftlichen Quellen, obwohl die Kaste der Priester und Magier, die Druiden, schreibkundig gewesen waren.

2.1. „Nemeton" oder der Heilige Platz der Kelten

Die keltische Kultur bewahrte sich ein zyklisches Gedanken- und Glaubensmuster und brachte die Trennung in eine reale, materielle, diesseitige und in eine spirituelle, jenseitige Welt nicht zustande. Die Kelten verherrlichten die Schöpfer- und Lebenskräfte, die weiblichen und männlichen Prinzipien, die im Gleichgewicht an der Schöpfung beteiligt waren. Die höchste Weisheit, das Göttliche, offenbarte sich in der Vielfalt des irdischen Lebens. Der Tod war nicht wichtig – er war nur eine kurze Unterbrechung des ewigen Kreislaufs. Die Kelten begruben ihre Toten oft in der Nähe der Megalith-Gräber. Diese Plätze waren den Kelten intuitiv heilig, d.h. sie haben sie in ihre religiösen Vorstellungen miteinbezogen. Diese Gräber wurden zu den Wohnorten der Götter, zu Sitzen der Fürsten der Anderswelt. Nach der Christianisierung wohnten dort Feen und Elfen. Außerdem gab es eine starke Verbundenheit mit Steinen. Diese wurden als energiegeladen empfunden und drückten für sie Kräfteverhältnisse aus. Die Dolmen wurden als die Lagerstätten der Muttergöttin und des schöpferischen Andersweltgottes angesehen. Die Menhire, die ja auch als astronomische Visiersteine mit entsprechenden Ausrichtungen aufgestellt worden waren, wurden unter anderem zur Landvermessung verwendet. Als Ergänzung benützte man Messstäbe oder -stöcke. Die „Druder", so nannte man die Stöcke, galten als heilig und wurden bei den wichtigen Kultstätten verwahrt. Die Menhire wurden keltisiert, d. h. mit Zeichen und Symbolen versehen. Diese alten Steine bzw. auch Steinkombinationen hatten aus der Megalithzeit ihre Kulttradition und manche wurden bei entstehenden gallorömischen Tempelkonstruktionen miteinbezogen. Dadurch wurden diese gallorömischen Tempel auf astronomisch bedeutenden Plätzen errichtet. Symbolisch waren die Menhire mit den Göttern des Himmels ident und markierten die Himmelsachse, um die sich der Sternenhimmel drehte. Für das einfache Volk waren diese Orte absolut tabu.

Wie die Kelten so taten es auch die Christen. Sie christianisierten die Menhire, die oft phallische Steine waren, versahen sie mit Kreuzzeichen bzw. dem Chi-Ro-Zeichen oder meißelten neue Steinkreuze daraus. Der Setzstein nimmt auch menschliche Formen an und wird zum Götterbild, im Christentum zum Heiligenbild und zum Bildstock. Es lässt sich beobachten, dass im Christentum ebenfalls eine kultische Steinbeziehung verankert ist: da sind z.B. die Taufsteine oder die Felsen, die beim Bau von Kirchen und Kathedralen miteinbezogen wurden. Beispielsweise der „Heilige Fels" im Felsendom von Jerusalem oder der kleine, verborgene „Kolomanistein" in St. Stephan in Wien. Unter freiem Himmel oder auf den Lichtungen der tiefen Wälder, in Hainen und auf Berggipfeln waren die naturbelassenen, heiligen Plätze, aber auch an den Quellen, in den Mooren und an Seen und am Grab der Vorfahren, also an Orten, die sich von der umgebenden Natur unterschieden. Diese Orte weihte man den Göttern, sie waren Plätze für den göttlichen Fuß auf Erden. Die vier Elemente Erde, Luft, Wasser und Feuer wurden von den Kelten geheiligt und sie hatten für sie auch die entsprechenden Götter.

Die Erde: Für dieses Element der Fruchtbarkeit gab es die Muttergöttinnen, die man in rituellen Schächten und Schanzen beschwor. Über die Luft herrschten die verschiedensten Götter. Hochrangige Druiden hatten die Macht, Winde zu beherrschen. Dass es dabei irgendwann zu magischen Machtkämpfen mit den Göttern kam, ist gut vorstellbar. „Zu viele Köche ..."

Die Elemente Wasser und Feuer hatten einen noch höheren Stellenwert. Das Wasser wurde als der eigentliche Lebensträger angesehen und war in jeder Form verehrungswürdig. Der Tau galt als zauberkräftig, Regen als befruchtend. Die Quellen waren Aufenthalte bzw. Verkörperungen göttlicher, meist mütterlich-nährender Kräfte, und so entstanden die vielen Quellheiligtümer. Die Druiden kannten eine rituelle Reinigung bzw. Erneuerung durch das Element Wasser. Das Feuer, abgeleitet von der kosmischen Quelle Sonne, galt ebenso als Lebenselement. Mit dem Feuer konnte der nun sesshafte Mensch sich mit der Erde verbinden. Der heimische Herd wurde kreiert. Und mit den Feuern der Jahreszeitenfeste, den Ritualen, konnte sich der Mensch mit seinen Göttern verbinden. Die Kelten nannten diese Orte der Begegnung heilige Haine, „Nemeton". Die Wortwurzel „Nemed" bedeutet „der Heilige". Dutzende Ortsnamen quer durch Europa zeigen noch diesen Wortteil: z. B. das galizische Nementobriga, das südschottische Medionementon, das gallische Nementodurum, das heutige Nanterre. Der „Heilige Ort" bildete die Mitte, den Platz zwischen der realen und der übersinnlichen Welt, ein Energieaustausch und eine Kontaktaufnahme mit den Göttern, den Herrschern der Elementen, wurde hier angestrebt. Hier wurden die Kultgeräte, Feldzeichen, das Beutegut und die Weihegaben aufbewahrt. Der Dichter Lucan berichtete von einem heiligen Hain bei Massilia mit Schlachtaltären, die ebenso wie die Baumstämme ringsum in schauriger Finsternis vom Blut der Menschenopfer trieften. Es sei dies ein Ort gewesen, wo es von Schlangen wimmelte, so grauenvoll, dass kein Vogel sich hintraute, kein Windhauch und kein Blitz und schon gar nicht Caesars Soldaten. Im Laufe der Zeit stellte man auf diese Ortsheiligtümer Schreine, auch eine Abgrenzung zum profanen Bereich wurde vorgenommen. Vor der Unterwerfung durch die Römer entwickelten die Gallier eine eigene Tempelform. Es war ein Umgangstempel, ein quadratischer Holzbau mit pyramidenförmigem Dach. Die späteren, mit Stein errichteten Bauten, wurden in römischer Zeit errichtet.

Caesar spricht im allgemeinen nicht von Tempeln, sondern benützte den Ausdruck „*locus consecratus*", „*geweihte Stätte*". Er verwendete ihn für die verschiedensten Kultplätze und Gegenstände.

2.2. St. Columcille (Kolumban): „Christus, der Sohn Gottes, ist mein Druide" (6. Jhdt.)

Die Berater der Fürsten waren die Druiden, Männer des Geistes, Intellektuelle, Priester, die großen Einfluss auf das soziale und politische Leben Galliens nahmen. Die Druidenschaft war unter ihrem Erzdruiden hierarchisch aufgebaut. Dieser war ein „Wissender", die Sprache der Götter war die seine und daher „dolmetschte" und vermittelte er zwischen den Gläubigen und ihren Göttern. Wahrscheinlich oblag ihm auch eine Aufsichts- und Schutzfunktion: Zeremonien und Rituale mussten in richtiger Weise durchgeführt werden.

Es galt der Grundsatz: „Zur rechten Zeit, am rechten Ort und gewusst wie!" Wahrscheinlich wurden sie deshalb schon in klassischen Quellen gerne als „Magier" oder „Zauberer" bezeichnet. Plinius d. Ältere beschreibt, wie der weißgewandete Druide am sechsten Tag nach Neumond mit einer goldenen Sichel Mistelzweige von der Eiche schnitt, um daraus einen Trank zu brauen, der Gesundheit und Fruchtbarkeit versprach. Keltischen Sagen zufolge wachsen Misteln genau dort, wo ein Blitz den Baum gestreift hatte. Nach einer alten Volksweisheit seien die Eichen zu weichen und die Buchen zu suchen, denn sehr oft wachsen Eichen auf Kreuzungen unterirdischer Wasserläufe und ziehen dadurch Blitze an. Zudem ragen ihre Pfahlwurzeln bis zu acht Meter in die Tiefe und leiten die Blitze in die Erde. „Blitzakupunktur für Mutter Erde?" Es gibt eine plausible Theorie, dass Pflanzen und Tiere, die über linksdrehenden Zonen (siehe dazu das Kapitel über die Radiästhesie) wachsen bzw. sich dort aufhalten, für ihr Gedeihen einen Faktor entwickeln müssen, der dem linksdrehenden Einfluss entgegenwirkt. Nach dieser Theorie unterstützt die Mistel mit ihrem rechtsdrehenden Mistelsaft den Baum in seinem Bestreben, den Standort „energetisch" auszugleichen. Beweise dafür fehlen. Man weiß aber, dass die Mistel ein ausgezeichnetes Krebsheilmittel ist. Die Annahme liegt nahe, dass der rechtsdrehende Mistelsaft der linksdrehenden Desorganisation der Krebszelle entgegenwirkt. Tritt im menschlichen Körper irgendwo linksdrehende DNS auf, lässt sich auf Krankheiten schließen, denn die normale Zell-DNS ist rechtsdrehend.

Für die Druiden war die Unsterblichkeit der Seele der Kernsatz ihrer Lehre. Das Universum war für sie vom Göttlichen durchpulst und in der Natur in den verschiedensten Erscheinungen allgegenwärtig. Durch die Betrachtungen des Himmelszeltes und der Natur fanden sie den Zugang zu ihren Göttern. Diese Grundeinstellung übernahmen die frühen irischen Missionare und Heiligen der frühchristlichen Kirche. Kolumban der Jüngere, der Apostel Alemanniens und mehrfacher Klostergründer, gest. 615 n. Chr., predigte: „Wer den Schöpfer kennenlernen will, lerne seine Schöpfung kennen."

Aus diesem Grund lebten viele Druiden an einsamen Orten. Sie waren die Astronomen, Astrologen, Metereologen, die geschickten Mathematiker, die Weissagenden, Opfernden, Wissenden und Schreibkundigen jener Zeit. Ihr Wissen gaben Sie durch Sprechgesang in Versform weiter. Das hatte den Vorteil, dass es zu keinen falschen Überlieferungen kommen konnte, da die Versform des Reimes wegen keine Änderungen duldete. Eine Profanierung des Mythos konnte damit verhindert werden, und die Macht und das Ansehen ihres Standes blieb geschützt. Lebendig war das gesprochene Wort, voll der Energie, tot das Geschriebene.

3. Die Griechen und der Nabel der Welt

Am Anfang aller Dinge tauchte Mutter Erde aus dem Chaos und gebar im Schlafe ihren Sohn Uranos (=Himmel). Er blickte von den Bergen liebevoll auf sie herab und sprühte fruchtbaren Regen über die geheimen Öffnungen ihres Leibes. Da gebar sie das Gras, die Blumen und die Bäume und auch die Tiere und Vögel, die dazu gehörten. Der gleiche Regen brachte die Flüsse zum Fließen und füllte die Tiefen, so dass Seen und Meere entstanden…

– so berichtet der olympische Schöpfungsmythos.

Zahlreich sind die Orakelstätten Griechenlands, welche alle ursprünglich der Erdenmutter oder Erdgöttin Gaia unterstanden. Ihre Autorität war so groß, dass Eroberer mit einer patriarchalischen Kultur begannen, Gaias Schreine in Besitz zu nehmen und männlichen Göttern zuordneten. Wer waren nun diese Herren? Zeus war einer davon: Er übernahm den Kult der Orakel-Eiche, die der Diana geweiht war. Jehova annektierte die Orakel-Akazie der Ischtar und Apollon die Schreine zu Argos und Delphi. Die matriarchale Kultur mit ihren den Muttergottheiten zugeordneten Symbolen und deren Bezug zur Erde, zum Wachstum, zur Fruchtbarkeit und dem Yin-Prinzip wird nun durch den Patriarchalismus, das Yang-Prinzip, abgelöst und negativ besetzt. Doch kommen wir wieder zurück zu den Steinen – auch die Griechen markierten ihre Kultplätze mit Setzsteinen, den Omphalen. Der griechische Omphalos wurde vielfach mit Blumenkränzen verziert, es war der „Nabel der Welt", der „Mittelpunkt der Erde". In der Mitte wurde er durchbohrt, um eine flüssige Opfergabe in die Erde leiten zu können. Der Omphalos wurde auch mit Öl und Wein begossen, also gesalbt. Durch diese Nahrungsmittel wurde ein Mahl mit Gott zelebriert. Durch das Salben und zu Tisch sitzen gelangte man in eine enge und vertraute Beziehung zur Gottheit und ward im Rang erhöht. Deswegen dürfen seither auch nur Priester salben. Die Himmelsachse war auch den Griechen bekannt. Die Omphalen markierten u.a. Fixpunkte in der Landschaft. Die Bezeichnung „Mittelpunkt der Erde" ist nicht wortwörtlich zu verstehen. Gemeint war das Zentrum des Einflusses (Omphalos), welcher bestimmend für die Umgebung, die Region war. Eine andere wichtige Funktion des Omphalos war die Kennzeichnung des Mittelpunktes einer neu gegründeten Stadt. Das Universum war dazu das Vorbild. Das Gründungsritual stellte eine Wiederholung des Weltenanfangs dar. Das Weltall stellte man sich als ein Rad mit Speichen und einem Nabel in der Mitte vor. Vom Mittelpunkt aus wurde die Stadt meist in vier Teile geteilt.

3.1. Es war einmal …

… ein berühmter Omphalos. Er markierte die bedeutendste Orakelstätte der Antike, Delphi. Es war jahrhundertelang das geistige Zentrum Griechenlands. Das Orakel durfte ursprünglich einmal jährlich befragt werden. Apollon, der Sohn des Zeus und der Leto, verwundete die Schlange Python, die der Feind seiner Mutter war. Python floh zum Orakel der Mutter Erde in die Stadt Delphi. Apollon wagte es, Python in den Schrein zu folgen und tötete dort die Schlange.

Es ist ein verbreitetes Mythenmotiv, dass ein Sonnengott wie Apollo oder ein Gott des Lichtes (Yang) als Widersacher über die Schlange bzw. den Drachen (Yin) siegt. Das griechische Wort „drákon" (scharfblickendes Tier) bedeutet Schlange, auch sind die Symbole für den Drachen und die Schlange weitgehend ident. Die Schlange oder der Drache steht symbolisch für tiefes Wasser, für Dunkelheit, für Amorphes, dessen Energie in der Landschaft diffus verteilt ist. Und die Energie dieses Drachen wurde durch den Omphalos angezapft.

Jedoch erst der Sieg über den Drachen (terrestrische Kraftlinie, unterirdischer Wasserlauf) und die fixierte, geleitete Bündelung der Energie durch einen Stein – Omphalos – konzentriert die Energie auf einen Platz. Terrestrische & kosmische Energien verbinden sich – ein Ort der Kraft entsteht.

Früher, als die Menschen noch nicht sesshaft waren, folgten sie dieser irdischen Energie, die in der Landschaft verteilt war. Durch das Setzen eines Steines wurde die terrestrische Kraft an einem Ort festgehalten. Die unterirdischen Wasserläufe und die terrestrischen Kraftlinien sind die Pfade des „Drachens". Über den Umgang mit diesen Kraftlinien sei zum Vergleich ein Leitsatz aus der Homöopathie angeführt:
„Erst das Gefesselte, Beherrschte, kann in kleinen Dosierungen für die Menschen heilsam sein"
(Siehe ergänzend dazu das Kapitel Drachenlinien und Yin und Yang im Glossar)

4. Die Römer

Die Wurzeln der römischen Kultur sind weit verzweigt. Die Kelten, die Griechen, die Etrusker und andere Völker haben zur römischen Kultur „Bausteine" geliefert. Die Römer nahmen nach der Unterwerfung der Etrusker Priester, die Seher, in den Dienst. Es waren die Haruspici, die Leute die Weissagungen machten. Sie beobachteten und deuteten z.B. Blitzeinschläge, aber auch Wunderzeichen und ordneten sie in die Vorstellungen ihrer Kultur ein. Die Haruspici gaben ihr Geheimwissen, besonders jenes der Landvermessung und des Straßenbaues, an die Römer weiter. Feldherren und Provinzgouverneure nahmen auf ihren Feldzügen bzw. bei der Einnahme ihres Amtes Haruspici mit sich.

4.1. Die Stadtgründungen und die „Stimme Jupiters"

Bei den Römern gibt es genaue Vorschriften für Städtegründungen, und wir haben Angaben, welche Bedeutung sie den einzelnen Handlungen beimaßen. Zuständig bei der Einholung der Vorzeichen, für die Mantik, die Seh- und Wahrsagekunst, waren die Auguren. Ihr Name wird auf *augere*, *„mehren"*, zurückgeführt. Der augor ist derjenige, der „*Mehrung*“ gibt. Daraus wurde „*derjenige, der günstige Vorzeichen gibt*“. Die Auguren waren nicht eigentlich Priester, denn sie brachten keine Opfer für das Volk dar. Sie waren die „Bewahrer der staatlichen Weissagung“. Fragen, die die kultischen Handlungen betrafen, wurden an Jupiter gestellt und nur an ihn und keinen anderen. Die Ausgangsbasis bei einer Stadtgründung war, einen geeigneten Ort zu finden. Der Gründungsakt wurde von dem strengen Ritual des Auguren begleitet, das die Aussonderung und Begrenzung des künftigen Stadtgebietes sakral begründen sollte. Eine Insignie des Auguren war der Lituus, der Krummstab (Wünschelrute?). Mit ihrem Stab zeichneten die Auguren ein nach den Himmelsrichtungen gerichtetes und in vier Teile geteiltes Templum, d.h. ein abgegrenztes Beobachtungsfeld am Himmel. Dem himmlischen Feld entsprechend entstand eines am Boden, und in dessen Mitte stellten sie ihr Zelt auf.

Als nächsten Schritt begannen sie die Vorzeichen zu beobachten:

Sie blickten auf den Flug des Adlers,
hörten auf den Schrei der Krähe,
deuteten Blitze und Donnerschläge und
beobachteten den Appetit der heiligen Hühner.

Dann wurde vom Zentrum aus die Ost-West-Achse mit Hilfe eines die aufgehende Sonne anvisierenden Messgerätes, das sie Groma nannten, bestimmt. Diese Linie wurde decumanus genannt. Die dazu im rechten Winkel verlaufende Linie wurde als cardo bezeichnet. In dem um den Mittelpunkt konstruierten Quadrat, dem Imago Mundi, dem Bild der Welt, stand der Augure und unterteilte die vier Himmelssegmente zuletzt in ein sechzehnteiliges Feld. Diese Felder wurden auf das Himmelszelt übertragen. Durch die Beobachtungen der sechzehn Himmelssegmente konnte man diese den entsprechenden Gottheiten zuordnen. Unterstützt wurden die Auguren von den Agrimensoren – nach der Groma auch Gromatiker genannt. Sie waren die Feldmesser und spielten beim Abstecken von Tempelgebieten, Städten und Lagern eine große Rolle, in späterer Zeit auch bei den Flurgrenzziehungen und Ackerverteilungen. Die kultische Tradition wurde jedoch von den Auguren ausgeübt, und sie war wohl auch die ältere. Dann erfolgte die Inauguratio, eine Zeremonie, die der Stadt einen geweihten Charakter verlieh. Ursprünglich war das ein Ritus der Machtübertragung.

4.2. Das Tor zur Unterwelt

Im nun entstandenen Zentrum der Stadt wurde eine Verbindung zur Unterwelt errichtet: Der Mundus, eine kreisförmige Opfergrube, wurde ausgehoben. Und auch hier stellte man den schon bei den Griechen erwähnten Omphalos, einen aufrechten Stein auf. Die Errichtung eines Schutzwalles bzw. der Mauer um das Areal der zu errichtenden Stadt wurde ebenfalls sakral eingeleitet und zwar durch das Aufreißen der Erde mit einem bronzenen Pflug, der von einem Stier und einer Kuh im Uhrzeigersinn gezogen wurde. In dieser „heiligen Zone“ sollten die Unterweltsgötter der Erde entsteigen und die Stadt magisch von ihrer Umwelt abschirmen. – Ähnlich dem Gebet der Auguren war auch dies eine symbolische Abgrenzung, die wahrscheinlich eine energetische Blockade aufbaute. Das (Ur-) Chaos war außerhalb, die Ordnung innerhalb der Stadtgrenze.

Der Religionswissenschaftler Mircea Eliade schreibt dazu:
„Sehr wahrscheinlich erfüllten die Verteidigungsanlagen der Wohnsitze und Städte ursprünglich magische Zwecke, denn diese Anlagen – Gräber, Labyrinthe, Wälle usw. – scheinen eher zur Abwehr von Dämonen und Seelen Verstorbener angelegt als gegen menschliche Angreifer." (Eliade, 1984)

Einen interessanten Zusammenhang zwischen der Stadtgründung und dem Rindergespann ergibt eine etymologische Untersuchung der lateinischen Bezeichnung für die Stadt. Die klassischen Autoren leiteten das Wort urbs (Stadt) von urvuvm, der Krümmung der Pflugschar, oder von urvar „ich pflüge", ab. (Eliade, 1978). Bei den Römern blieb das etruskische System der Stadtgründungen, welches auch für die Anlage der römischen Militärlager galt, lange vorbildlich. Für die Geomantie der Gegenwart sind die römischen Bauwerke wichtig, da sich deren energetische Schwingungen bis heute erhalten haben.

4.3. Unbehauene und behauene Steine

Die natürlichen Steine, unbehauen und roh, holte man für die Bauvorhaben aus den Steinbrüchen. Die inneren Schichten, die nicht verwittert waren, wurden bevorzugt. Der rohe Stein war ein energetischer Zwitter, behauen und geformt trennten sich die im Stein enthaltenen energetischen Kräfte. Sie wurden dadurch polarisiert. Diese Polarisierung nahmen die Römer nicht nur bei den Natursteinen an, sondern auch bei den Ziegeln, die sie brannten. Bei den römischen Mauern wurden die Steine derart verlegt, dass der negative Pol, die abziehende Kraft (Yin), nach außen zeigte. Die Steine wirkten so nach außen abwehrend, nach innen aber verstärkend und nutzbringend. Der positive Pol (Yang), der Lebenskraft spendet, zeigte nach innen.

Beim Bau der römischen Lager und Städte sowie beim Limes hielt man sich an dieses Prinzip. Auch die Ziegel beim Straßenbau wurden polarisiert: Der Straßenbauer, sicherlich ein Könner seines Faches, legte jeweils zwei Steine im rechten Winkel zueinander und klopfte sie derart in den Sanduntergrund, dass die Straße eine gleichmäßige, leichte Wölbung erhielt. Mit dem Schlag seines Hammers wurde der Stein polarisiert, und der Plus-Pol (Yang) kam nach oben zu liegen.

Leichtfüßig, mit vitaler Kraft, ohne rasch zu ermüden, sollten die Soldaten und die Händler auf diesen energetisch eingerichteten Straßen unterwegs sein.

V. Das mittelalterliche Weltbild – „Civitas Dei“

Auch im Mittelalter stellte der Raum eine Realität dar, die eine eigene Struktur und Ordnung besaß. Er wurde als ein System gesehen, das aus heiligen Zentren und einer profanen Peripherie bestand. Man glaubte, dass die himmlische Welt graduiert und hierarchisiert sei und genauso wie im Himmel, sollte es auch auf Erden sein. Dementsprechend gliederte man die irdische Wirklichkeit.

Der Raum: Seine unterschiedlichen Teile waren unterschiedlich im Grad ihrer Heiligkeit. Da gab es die heiligen Orte, die Tempel, die Kirchen und die Kapellen, die Kruzifixe etc. Sie standen unter göttlicher Obhut. Sie konnten nicht nur mehr oder weniger heilig sein, sie konnten sogar – ähnlich wie der Mensch – Adel besitzen und mit Privilegien ausgestattet sein.

Die Zeit: Ähnlich wie sich die sakralen Räume aus der nicht sakralen Umgebung herausheben, wurde auch die alltägliche Zeit von sakralen Festzeiten unterbrochen. Die alltägliche „irdisch-physische Zeit“ blieb immer gleich, doch sollte sich der mittelalterliche Mensch aus dieser Zeit erheben, um anteilig an der Ewigkeit und Vollkommenheit der „Civitas Dei“, dem Gottesstaat zu werden.

Die Erde: Sie war nach Ptolemaios (75–160 n. Chr.) im Mittelpunkt des Universums. Er verdrängte damit das von Aristarchos von Samos (320-250 v. Chr.) vertretene heliozentrische System. Als die altjüdische Ansicht (geozentrisches Weltbild) vom Christentum erneut geltend gemacht wurde, fand diese Entwicklung ihren Höhepunkt darin, dass die römisch-lateinische Kirche Rom zum Mittelpunkt der Erde und zur „Civitas Dei“, zum Staat Gottes erklärte. Aber nicht nur Rom, auch die Institution Kirche sowie jede einzelne Kirche oder auch ein Kloster waren Verkörperungen der „Civitas Dei“.

Der mittelalterliche Mensch sah die Welt als einen kosmischen Bau, der schon durch den Schöpfungsakt für alle menschlichen Bauten vorbildlich geordnet worden war. Im Alten Testament wurde Gott als der Gründer der Welt, als der oberste

Vermessung der „Neuen Stadt“. Schwarzrheindorf, westliches Vierungsbild, um 1151.
(Gezeichnet von Dr. Milos Kruml, Diss. d. Techn. Universität Wien, VWGÖ 1992)

Baumeister (demiurgos), Architekt (technites) und Geometer genannt. Man war überzeugt, dass die Welt durch Gott planmäßig, gut und schön gegründet und geordnet worden war. Daher war die Erhaltung, Erneuerung und Erweiterung der bestehenden Ordnung verpflichtend. Am deutlichsten war für den mittelalterlichen Menschen die göttliche, vorbildliche Ordnung in der regelmäßig wiederkehrenden Zeit und in den Symmetrien der Natur erkennbar. Man schaute in die Bibel, um Maße und Richtlinien für entsprechende Rahmenordnungen der „Civitas Dei“ zu erhalten. Auch griff man auf die Erkenntnisse der Antike zurück. So entwickelte der mittelalterliche Mensch verschiedene symbolisch-ikonische, mehrdeutige und beispielhafte Formeln als Hilfe für die Gliederung des Raumes: Das zentral um einen Baum geordnete Eden mit vier Flüssen und einem Tor (Gen.2,10), die Gottesmaße für die Arche des Noah (Gesn.6,15), das durch Josua vermessene Heilige Land der zwölf Stämme (Numeri 34,17 ff), das durch Ezechiel und einen Gottesengel vermessene Jerusalem (Ezechiel 40,4 f), die „in Christus gekreuzigte Welt“ (Galater. 6,14). Die Stadt- und Kirchenbauten sollen Anteil haben an dem durch Gott geordneten Kunstwerk Kosmos (z. B. Ezechiel 40,1f, Isaias 48,13; 49,16 u.s.w.). So sollte ein „Stück Himmel“ mit seiner göttlichen Ordnung auf Erden entstehen.

1. Die „Sieben freien Künste“

Der Mensch sollte nach der Auffassung des Aurelius Augustinus, einen der vier lateinischen Kirchenväter, die Welt als „ein Mosaik mit verborgener Deutung“ betrachten. In der Natur sollten „feine, mathematische Linien“, die „universale Grundordnung“ ebenso erkannt werden wie die Harmonie in Musik und Architektur. Freilich war dazu eine Schärfung der Sinne notwendig, und ein großes Übungsfeld boten die „Sieben freien Künste“. Zu ihnen zählten die Grammatik, die Rhetorik, die Dialektik, die Musik, die Architektur, die Mathematik und die Astronomie. Die Musik erlangte schon durch die Pythagoreer einen mathematisch-kosmologischen Bezug. Sie war die Schwester der Architektur und beide galten als Echo und Spiegel der ewigen Harmonie. Und wieder wurde die Bibel zum Nachschlagewerk, um die musikalisch-architektonischen Proportionen als von Gott selbst geoffenbarte Maße zu erkennen. Die von Plato zitierten vollkommenen Proportionen klingen nach dem Pythagoras von Samos (6. Jhd. v. Chr.) zugeschriebenen Tonsystem auch in den „vollkommenen Akkorden“. Dieses System sah die Tonverwandtschaft durch einfache Zahlenverhältnisse begründet, die sich aus der Saiteneinteilung am Monochord, einem Instrument mit einer durch einen Steg teilbaren Saite, die in ihrer ganzen Länge über einen Resonanzkasten gespannt ist, ergaben:

Einklang (Prime 1/1), Oktave (1/2), Quinte (2/3) und Quarte (3/4).

Die Harmonie und Ruhe eines Raumes oder Hauses kann dadurch entstehen, dass sich ein einheitliches Grundmaß immer wiederfindet und dieses sich in harmonikaler Gesetzmäßigkeit wiederholt. Das kann beim Verhältnis der Breite zur Höhe 1:1 wie bei der Prime, von 1:2 wie bei der Oktave, von 2:3 wie bei der Quinte oder von 3:4 wie bei der Quarte sein. Ebenso können Öffnungen, Raumgrößen und Flächen, aber auch Möbel zueinander geordnet sein. Höhere Schwingungen, wie Gedanken, Gebete, Meditationen können niedrigere Schwingungen anregen; andererseits können auch niedrigere Schwingungen höhere bewegen, wenn sie ein harmonisches Schwingungsverhalten haben. Schwingungen können ausgelöst werden von Klängen, Formen, Farben etc. Harmonikale Proportionierungen bei Kirchen, Häusern, Fassaden, Räumen, Möbeln, Bilder etc. können auf den Menschen befriedend und anregend wirken. *Das ist der wohldurchdachte Klang der Räume der Kraft.*

Die Architektur:

Im Bauwesen ging es eigentlich immer um das rechte Maß. Das Messen war ein heiliger Akt. Jeder Raum war eine Grenzsetzung gegenüber dem maßlosen Raum, dem Chaos. Daher war die Zahl, das Maß, die Proportion göttlich, und jeder Bau war die Wiederholung der Welterschaffung. Bis in das 12. Jahrhundert reichten für die gewöhnlichen Aufgaben der romanischen Architektur die Kenntnisse über die gerade Teilung des Kreises. In der Gotik brauchte man immer häufiger die ungerade Teilung des Kreises und der Winkel. In der geometrischen Konstruktion des Pentagramms entdeckte man den berühmten „Goldenen Schnitt". Diese harmonischen Proportionen wirken auf uns beruhigend und stärkend.

Die Mathematik:

„Zahlen und geometrische Körper sowie Figuren wie das Dreieck, Quadrat, Kreis, Pentagramm usw. sind nicht Alleingut der Mathematik; in ihnen drückt sich die Weltharmonie aus, sie tragen bestimmte magische und sittliche Bedeutungen," meinte der Kirchenvater Augustinus. Nicht Mathematik im heutigen Sinne, sondern die „sakrale" Mathematik war in dieser Zeit wesentlich. Denn gleiche, wiederholbare Maße und Zahlen und besonders die Raum- und Zahlensymmetrie sollten die kosmische Symmetrie wiederspiegeln und im Irdischen einen Anteil an der göttlichen Ewigkeit sichern.

Die Astronomie:

Auch in der Betrachtung des Himmels suchte man nach Übereinstimmung zwischen Himmel und Erde. In verschiedenen Religionen wurden die Gottheiten mit der Sonne als dem Prinzip des neuerscheinenden Lebens in Verbindung gebracht. Daher orientierte man jene Bauwerke, die Kulthandlungen dienten, nach den Auf- und Untergangspunkten von besonders auffälligen Gestirnen. Meistens war das die Sonne. Diese Hinwendung nach Osten, – die Orientierung nach Osten oder auch Ostung – wurde vom frühen Christentum übernommen. Es entstand eine Sakralrichtung nach Osten, die beim Gebet und bei der Ausrichtung der Kirchenachse eingehalten wurde. Manchesmal kam es aber vor, dass die Achsenrichtung nicht genau nach Osten wies und daher von der Ostorientierung abwich. Bereits in der Antike gab es Tempel, deren Achsen nach dem Sonnenaufgangspunkt jenes Tages ausgerichtet waren, an dem die Gottheit, der der jeweilige Sakralbau geweiht war, gefeiert wurde. Diese Tradition gab es dann auch bei manchen christlichen Kirchen. Am Namenstag des Kirchenpatrones wurde die Orientierung der Kirchenachse nach dem Sonnenaufgangsazimut vorgenommen. Zwei Wiener Kirchen wurden astronomisch vermessen: der Stephansdom und die Virgil-Kapelle, worauf wir bei der Darstellung der beiden Sakralbauten zurückkommen werden.

Die Himmelsrichtungen haben unterschiedliche energetische Wirkungen, die wir Menschen mit dem Emotionalkörper spüren und natürlich auch verschieden empfinden und interpretieren können: Der Osten symbolisiert die Sehnsucht nach Licht und Erlösung. Johannes, der Evangelist, schrieb, dass im Osten das himmlische, zukünftige Jerusalem sein wird. Der Osten hat einen versprechenden, impulsgebenden Charakter. Der Westen dagegen hat einen melancholischen, den Abend einleitenden und abschließenden Charakter. Der Süden wirkt anregend, anreizend, unruhig machend und der Norden beruhigt und erweitert uns. In den Zwischenhimmelsrichtungen meint man die anregende Impulskraft der Diagonale zu spüren. Daher ist es auch besser, das Kopfende des Bettes im Osten oder im Norden zu haben und nicht in einer der Diagonalrichtungen.

2. Von Kirchenpatronen, Hauptaltären und Reliquien

Die Kirchen waren im Mittelalter die wichtigsten Versammlungsorte einer Stadt. Die höchste Instanz bei der Wahl der Lage einer Kirche oder eines Friedhofes war der zuständige (Weih-) Bischof. Seit dem frühen 13. Jahrhundert wollten aber immer öfter die Vertreter der Stadtverwaltung ein Wörtchen beim Bau der Kirchen mitsprechen. Die Anzahl der Gotteshäuser zeigte die Größe einer Stadt. Von großer Bedeutung war die Stelle des geweihten und unbeweglichen Hauptaltares. Wurde dieser von seinem Platz wegbewegt, musste er wieder geweiht werden. Reliquien des Kirchenpatrons, auch wenn sie noch so klein waren, wurden im Hauptaltar aufbewahrt. Die heiligen Patrone der Kirche, egal ob männlich oder weiblich, waren die Beschützer der Gemeinden und vertraten sie als Fürsprecher in der „Civitas Dei". Man hoffte, dass durch die Fürbitten der Heiligen Gott auf Erden die „rechte, ideale Ordnung" behütet und wenn notwendig, auch wieder einsetzt. Eine etwaige Änderung des Kirchenpatroziniums, der Namensgebung war an eine neue Weihe gebunden. Meistens blieb der Name der Kirche über Jahrhunderte hinweg gleich. Hilfe von Heiligen erfleht man noch immer in den kleinen und großen Bereichen des menschlichen Lebens.

VI. Ein Blick auf Kalender und Stadtplan

Im Mittelalter wurden Gotteshäuser nicht nur nach praktischen Erwägungen, sondern ebenso nach symbolischen Gesichtspunkten gebaut und im Stadtgebiet situiert. In diesem Bestreben, der Anordnung von Sakralbauten im Stadtgebiet Bedeutung zu verleihen, wurden mehrere Kirchen nach dem Vorbild der stadtrömischen Patriarchalkirchen zu einer „Kirchenfamilie" zusammengefasst.

1. Zwei Kirchen

Eine Zusammengehörigkeit und eine Verbindung zwischen zwei Kirchen kann man durch die Anordnung ihrer Standorte und ihrer Patrozinientage erkennen. Im Sinne der mittelalterlichen Symbolik nahm man bei der Wahl der Standorte eine Halbierung des Erdreichs sowie bei der Wahl der Patrozinien eine Halbierung des Himmels, symbolisiert durch die Zeit, vor:
Haben zwei Kirchenpatrone im Sommer und im Winter Namenstag, so liegen diese Kirchen in der Nord-Süd-Richtung der Landschaft. Sind die Namenstage der Kirchenpatrone im Frühling und im Sommer, sind die Kirchen am östlichen und am südlichen Rand der Stadt gebaut.

Schauen wir uns als Beispiel dazu die Kirchen St. Ruprecht und St. Peter an, die östlich und südlich am damaligen Stadtrand lagen: der hl. Rupert hat seinen Namenstag am (25.) 27. März und der hl. Peter feiert den seinigen am 29. Juni.

Milos Kruml schreibt dazu in seiner Dissertation:
„Die Patrozinien dieser zwei Kirchen deutete man früher zusammen. St. Ruprecht, eigentlich St. Rupert, der erste Bischof von Salzburg, und St. Peter, das Patrozinium des Salzburger Stammesklosters als ein Zeugnis einer noch vorpassauischen Mission. Die durch die Hochaltäre der Kirchen bestimmte Linie konnte weiter in gerader Richtung verlängert werden und weit in die Landschaft hinausgehen. Die Linie wurde dann von den außerhalb der Stadt stehenden Filial- und Spitalskirchen stationiert."

Ein weiteres wichtiges Kriterium für die Situierung einer Kirche war auch die Zeit des Sonnenaufgangs am Namenstag des Kirchpatrons. Wurde das beim Bau der Kirche berücksichtig, so fielen die ersten Strahlen der aufgehenden Sonne an diesem Tag auf den Hauptaltar. Die Induktionskraft, die Durchdringung der Sonne ist an diesem Tage besonders stark, und die kosmische Kraft wird auf den Hauptaltar, der zumeist auf einem terrestrischen Kraftplatz steht, gebannt. Es ist ein Augenblick der Berührung und des Austausches. An diesem Platz ist durch das Zelebrieren der Messe Gottes Liebe, Licht und Energie den Menschen zugänglich und zuträglich. Es ist ein Ort der Gnade. Nach der übereinstimmenden Auffassung aller mystischen Schulen besitzt jeder Gedanke eine Form. Diese Gedankenform wird mit Emotionen und Energie gefüllt und erhält dadurch ihre Struktur. Auch beim Gottesdienst ist es nicht anders, denn durch bestimmte Handlungen, Riten, Gebete und Gesänge entstehen große, positive Gedankenformen. Es ist gut verständlich, dass man diese Energie weiterleiten wollte. Dazu dienten die geometrischen, sakralen Verbindungslinien zwischen den Kirchen. Andererseits sind in Zeiten des kirchlichen Verfalles diese Energien dementsprechend reduziert, so z. B. dann, wenn die gottesdienstlichen Handlungen nicht gelingen, wenn die Herzen der Besucher nicht offen sind und wenn die Zahl der Gottesdienstbesucher immer weniger wird.

2. Ein Triangel, ein Dreieck aus Kirchenbauten

Die ideale Stadt soll, laut Plato, drei Tempel haben und nach der Heiligen Schrift soll das Gottesvolk dreimal im Jahr die Hauptfeste feiern, welche man auf drei Kirchen verteilte.
Meistens bildeten die drei symmetrisch angeordneten Kirchen einen festen Rahmen für die zwischen ihnen gebaute Stadt. Versetzen wir uns zurück in das Wien des 13. Jahrhunderts, in dem folgende Kirchen bzw. Kapellen ein Dreieck bildeten: St. Stephan mit dem Namenstag des Kirchenpatrons am 26. Dezember und dessen zeitlicher Nähe zum Weihnachtsfest, St. Ruprecht mit dem Patroziniumstag am 25. bzw. 27. März und dessen zeitlicher Nachbarschaft zum Osterfest sowie St. Peter mit dem Namenstag des Heiligen am 29. Juni und seiner zeitlichen Zuordnung zum Pfingstfest. Der zeitliche Abstand zwischen den Patrozinientagen von St. Stephan und St. Ruprecht ist dabei fast gleich groß wie der zwischen den Namenstagen des hl. Ruprecht und des heiligen Peter. In einem Fall sind es 93 Tage, im anderen 94.

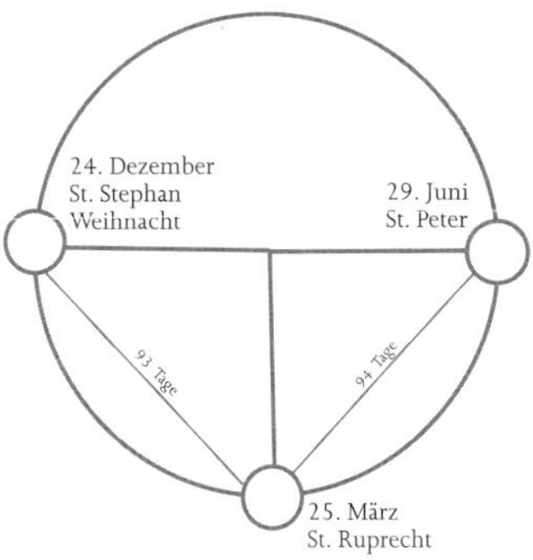

Weihnachten:	St. Stephan 24. (26.) Dezember
	93 Tage
Ostern:	St. Ruprecht 25./ 27. März
	94 Tage
Pfingsten:	St. Peter 29. Juni

Im Laufe der folgenden Jahrhunderte entstanden durch neue Kirchen und Kapellen andere und auch größere Kirchenfamilien. Die Stadtgemeinde konnte aber auch jetzt die Patronatsfeste der Kirchen in einer zeitlich sowie räumlich-symmetrisch geordneten Folge feiern.

Die Kraft der Gottesdienste und die göttliche Energie war durch die Standorte der Kirche gleichmäßig auf das Jahr verteilt. Die sakralen Verbindungslinien transportierten, verteilten und gaben diese Kraft an andere Gotteshäuser und in die Landschaft ab.

3. „... denn das Zeichen des Kreuzes soll alle Gefahren von der Stadt fernhalten"- Das Thau (T) und das X

Durch die Anordnung der Kirchen konnte auch ein Schutzzeichen über die Stadt gelegt werden: Dieses Schutzzeichen war das hebräische „Thau"/„Taw". Um das Thau zu bilden, bedurfte es ebenfalls dreier Kirchen. In Wien bildeten Maria am Gestade (im Westen), St. Ruprecht (im Osten) und St. Peter (im Süden) dieses Thau. Die durch die Lage der erwähnten Kirchen entstehenden Achsen formen das „T-Kreuz".

Als letzter Buchstabe des hebräischen Alphabetes gilt das Thau analog dem griechischen Omega als symbolischer Hinweis auf die Vollendung. Dieser Buchstabe steht auch als Symbol für den Menschen, weil dieser die höchste Vollendung der ganzen Schöpfung darstellt. Es ist ebenso das Zeichen für Symbiose und Schutz. Auch die „schottischen" Benediktiner haben bei den Gründungen ihrer Klosterkirchen die bereits bestehenden kirchlichen Bauten berücksichtigt, wobei sie dadurch in klarer, geometrischer Form immer wieder das breite „**T**-Kreuz" formen konnten. Das geschah z. B. in Würzburg, Nürnberg, Konstanz und Wien.

Das mittelalterliche Wien wurde im frühen 13. Jahrhundert erweitert und der Bau neuer Kirchen führte zur Verwirklichung weiterer symbolischer Konzepte. So wurde das Dreieck durch den Bau neuer sakraler Gebäude zu einem Viereck vergrößert. Es wurde gebildet von St. Ruprecht, der Dominikanerkirche in der Postgasse, der heutigen Malteserkirche in der Kärntner Straße und von St. Michael. Die Verbindungslinien zwischen diesen geweihten Bauten deuten das **X**-Kreuz, das Monogramm Christi an, und genau im Kreuzungspunkt dieser Linien liegt St. Stephan.

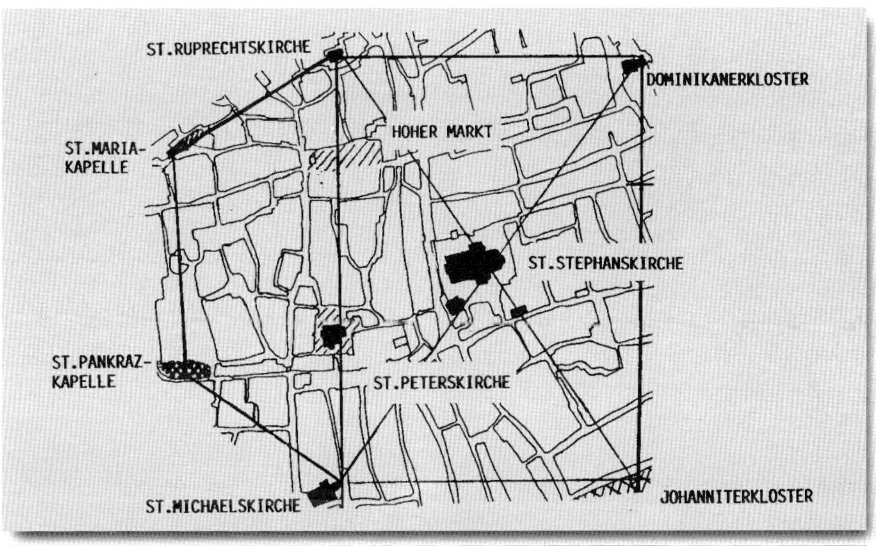

Wien, die innere Stadt in der 1. Hälfte des 13. Jahrhunderts.
(Gezeichnet von Dr. Milos Kruml, Diss. d. Techn. Universität Wien, VWGO 1992)

Weitere symbolische Deutungen für das **X** sind:

- ✦ Das X-Kreuz steht als Ausgangspunkt von vier unendlichen Linien, die für immer getrennt, aber auch für immer in einem Mittelpunkt vereinigt sind.
- ✦ Es ist das ursprüngliche Thau der Hebräer.
- ✦ Es steht in der Mathematik als Zeichen der Unbekannten.
- ✦ Als römisches Zahlzeichen trägt es den Wert 10. Die Ziffernsumme dieser Zahl ist eins, und symbolisch steht die eins für die göttliche Einheit und Ganzheit.
- ✦ Bei den spätantiken Stadtanlagen wurde das X von den Agrimensoren als diagonales Vermessungskreuz verwendet.
- ✦ Bei Kirchenweihen wurde es in frühchristlicher Zeit auf den Boden gezeichnet.

Die Gebundenheit der mittelalterlichen Stadtplanung an sakrale symbolische Gesichtspunkte lockerte sich im Spätmittelalter. So baute man profane Gebäude auf die Kreuzungspunkte der erwähnten „Energieaustauschlinien". Das waren z.B. die spätmittelalterlichen Ratshäuser, Zunfthäuser und Gerichte.
Das Profanum, das vor dem Tempel stehende, verdrängte das Fanum, den Tempel.

VII. Linien der Landschaft oder Mutter Erdes Meridiane

1. Leylinien

Eigenartig, diese Linien. Entdeckt wurden sie von Alfred Watkins, einem viel herumreisenden Geschäftsmann, im Sommer des Jahres 1921 in Herefordshire in England. Watkins kam zu dem Schluss, dass diese Linien oder „Leys", wie er sie auch nannte, Händlerwege waren, die 4000 bis 2000 Jahre v. Chr. angelegt und in Vergessenheit geraten waren.

„Leys" nannte er diese linearen Vernetzungen, weil die Namen vieler Orte auf diesen Linien auf „ley", „lay", „lee", „lea" oder „leigh" enden.

Watkins sprach von einem Ley, wenn die Linie gerade durch die Landschaft verlief und sie noch zusätzlich durch eine Aneinanderreihung topographischer Besonderheiten gekennzeichnet war, z. B. durch: heilige Quellen, Teiche, Furten, Wege, Wegkreuzungen, Hohlwege, besonders markante Bergspitzen und künstlich aufgeschüttete Sichthügel. Und nicht selten war so ein Hügel ein prähistorischer Erdwall. Es konnten aber auch Bauten aus der Megalithzeit, wie Cromlechs, Hügelgräber, Menhire etc., und andere historische Bauwerke, wie Kirchen, Schlösser und Burgen auf diesen Linien stehen.

Andere „Leylinien-Forscher" vertreten die Ansicht, dass die Leys astronomische Sichtlinien in der Landschaft sind. Sie begründen ihre Annahme damit, dass manche alte Kalenderbauten sowie die Sichthügel mit ihren Sichtfeuern auf diesen geraden Linien als geodätische Fixierpunkte der menschlichen Orientierung gedient hätten. Bei manchen Linien erkannte man eine solare Ausrichtung, eine ungefähr von Ost nach West verlaufende „Sonnenjahrslinie". Weltweit sind ähnliche Linien bekannt, z. B. in Zentralasien, die Erdlinien in Nazca in Peru oder die „Songlines" der Aborigines in Australien. Im Südwesten der USA haben Archäologen mit Hilfe von Luftbildaufnahmen prähistorische Netze in Form von gepflasterten Straßen gefunden, die eine gerade Verbindung zwischen alten heiligen Plätzen und Siedlungen aufweisen. (John Michell, 1984, Nigel Pennick/ Paul Devereux, 1991)

Das Wissen der alten Völker, ihr inniges, intuitives Verhältnis zu den Kräften der Natur bildete mit ihrer Religion eine sakrale Einheit. Ihre Kenntnisse und ihre Beziehung über und zu Mutter Erde und den Gestirnen waren umfassend. Darauf beruhen die vermessungstechnischen Fähigkeiten der prähistorischen Völker – weltweit. Genaueste Landvermessungen und -einteilungen waren dadurch möglich.

„Wo diese Straßen über steil abfallende Felswände gehen, wurden Stufen in den Fels gehauen, damit jeder, der auf ihnen reiste, den geraden Weg nehmen konnte. Sie bilden auch Alignements mit natürlichen Felssäulen und anderen Landmarken und folgen manchmal den Richtungen astronomischer Ortungslinien von alten Türmen und Tempeln." (John Michell, 1981)

Kaiser Theodosius erklärte 392 n. Chr. in einem Edikt, dass alle heidnischen Heiligtümer in Europa durch Kirchen zu ersetzen sind. Daher wurden viele Kirchen auf den alten Heiligtümern errichtet, die auch auf Leylinien lagen. Es ist anzunehmen, dass die Leylinien als Händlerwege im Sinne von Alfred Watkins auch in die heutigen Städte, die Nachfolger früherer Siedlungen führen, wo der menschliche Handel sich entwickelte. (Wichtig: Die Leylinien sind nicht ident mit den sakralen Linien, die auf die Berücksichtigung symbolischer Aspekte bei der Situierung mittelalterlicher Kirchen zurückgehen. Die sakralen Linien sind eine bewusste mentale Projektion. Jedoch sind ein gleicher Verlauf wie bei den Leylinien sowie Kreuzungspunkte mit diesen möglich.)

Die landschaftsgestaltenden geometrischen Bezüge der Leylinien oder Händlerwege, die Alfred Watkins entdeckte und beschrieb, sind teilweise erhalten, jedoch durch die zunehmende Verbauung der natürlichen, freien Landschaft nicht mehr leicht auffindbar.

1.1. Leylinien heute

Heute werden die Leylinien als Meridiane, die die Landschaft mit Energie versorgen, angesehen. Aber woher kommt die Energie, die sie verteilen?
Es handelt sich dabei um eine Kraft, die sich hauptsächlich aus der Lebensenergie der Erde und aus den geistigen Kräften der menschlichen Kultstätten, welche das auch immer sein mögen, zusammensetzt. Diese von Menschen geprägte Vitalkraft wird mit dem chinesischen Chi oder z. B. mit dem europäischen Od verglichen und es ist keine physikalisch einzuordnende Energie.

Zur Definition der Energie der Erde lassen wir den slowenischen Künstler und Geomanten Marco Pogacnik sprechen, der sehr schön und romantisch formulierte:

„Es ist der Herzschlagrhythmus der kosmischen Kraft, die aus der urelementaren Ebene herabquillt und die Kernschwingung der Leylinie bildet. Es ist die grundlegende Funktion einer Drachenlinie, diese urelementare Kernschwingung sowohl durch die natürlichen Landschaften wie durch die Stadtlandschaften zu verteilen. Durch ihre Kraft wird die kosmische Schwingung in die Ätherschichten der Landschaft hinein verbreitet bis zur Schwelle der stofflichen Daseinsebene. Durch das ständige Pulsieren des Leyliniennetzes wird Gaia (die Erde) zu einem lebendigen Planeten!"

Versuchen wir diese Aussage auf den Punkt zu bringen: Was ist die kosmische Kraft? Es ist der Einfluss und die Kraft der Himmelskörper – also letztendlich Gottes Kraft – die sich in der Erde manifestiert und durch diese u.a. in den Leylinien konzentriert abgegeben wird. Es ist wohl eine Überlegung wert, darüber nachzudenken, was geschieht, wenn wir weiter diese Kraft nicht fließen und walten lassen? Wenn wir sie ignorieren, wenn wir die Landschaft weiter verschmutzen, zubetonieren und unterirdisch Atombomben zünden? Wählen wir doch die Variante der Erhaltung unserer Welt.

Es sind jetzt noch die geistigen Kräfte zu beschreiben, die sich durch den Einfluss von Kultstätten konstituieren:

Die Fülle an Kultstätten, die auf den Leys stehen, ist sehr variantenreich, wie schon im Kapitel zuvor erwähnt: Der Bogen reicht von den heiligen Orten und Denkmälern der Megalithzeit bis zu den profanen und sakralen Gebäuden der Gegenwart. Öffnen wir unsere Augen für die Situation des neunzehnten und zwanzigsten Jahrhunderts: politische Machtzentren, Denkmäler, Heeresanlagen, Rundfunkgebäude, Spitäler, Discos etc. sind auf Stadtleylinien zu finden. Natürlich sind nur einige wenige dieser Gebäude im Wissen um die Kraft der Linien auf ihnen gebaut worden. Es ist vielleicht auch eine Erklärung dafür, dass der jeweilige Zeitgeist (Gedankenform oder -feld) sich so rasch ausbreiten kann, vor allem wenn keine mentale „Gegenkraft" wirkt. Deshalb sind die Häuser Gottes, jedweder Art, auf den Leys so wichtig.

Für die Leys als Energielinien und Meridiane lassen sich folgende allgemeine Merkmale festlegen:

- ✦ Die Leylinien können mit den Akupunkturmeridianen im menschlichen Körper verglichen werden.
- ✦ Der Verlauf der Leylinien zueinander ist nicht streng geometrisch, sondern sie verlaufen ohne erkennbares Muster.
- ✦ Sie variieren zwischen einer Länge von 8 km und ungefähr 3200 km und ondulieren bei dieser Distanz ganz leicht.
- ✦ Kürzere Leylinien, bis zu ca. 8 km, werden bei den Geomanten und Radiästheten als Alignements bezeichnet.
- ✦ Die Linien variieren in ihrer Breite und in ihrer Intensität, und sie pulsieren.

2. Michaelslinien oder die Pfade des Drachens

„Und es erhob sich ein Streit im Himmel:
Michael und seine Engel stritten mit dem Drachen,
und der Drachen stritt und seine Engel.
Und siegten nicht;
auch ward ihre Stelle nicht mehr gefunden im Himmel."

Joh. Offenbarung 12,7 und 8

2.1. Der Kampf mit dem Drachen

Michael – „Wer ist wie Gott?" –, ist der Engelsfürst, der den Drachen zu seinen Füßen durchbohrt. Alle Frevler, die sein wollen wie Gott, verfallen seinem Schwert. Er stürzt und tötet Luzifer, der symbolisch als Drache oder Schlange dargestellt wird. Die spirituelle Bedeutung Michaels ist die des wahren Selbst, des göttlichen Geistes, der im Kampf liegt mit den Dämonen der Selbstsucht und der Eitelkeit und der Kraft des Eros, den geschlechtlichen, sexuellen Trieben. In den meisten Religionen des Vorderen Orients wird der Drache als gottfeindliches Wesen gezeigt. In der israelitischen Weltentstehungslehre finden sich Spuren des Drachen Leviathan, auch Rahab genannt. Leviathan, der Urdrache, ist eine Personifikation des Ur- oder Weltenmeeres, der Chaosmacht. Doch Gott, dem Herrn gelang es, den Chaosdrachen zu zertreten – und Gott begann das Chaos zu ordnen... Später meinte Augustinus, dass Gott die Welt durch Zahlen und geometrische Linien geordnet und das richtige Maß angegeben habe: Es war dies eine sakrale Mathematik und Geometrie – eben die göttliche Ordnung. In der Apokalypse will der Drache von Anbeginn an das Wirken des Messias verhindern: „Sein Schwanz fegte den dritten Teil der Sterne des Himmels hinweg und warf sie auf die Erde. Der Drache stellte sich vor die Frau, die daran war zu gebären, damit er ihr Kind verschlinge, wenn sie geboren hätte. (Offb 12,4) Diese Frau – es ist Maria – stehend auf einer Weltkugel dargestellt, zertritt die sich um ihre Füße windende Schlange. Sie erscheint ohne ihren Sohn, von einem Sonnenkranz umkleidet und von 12 Sternen bekrönt. Es ist die Darstellung der Maria Immaculata, eine Darstellung der „Unbefleckt-Empfangenen". Als Apokalyptische Madonna steht sie auf einer Mondsichel, die oft eine teuflische Fratze zeigt. Dem Mond schreibt man Fruchtbarkeit, Tod und Auferstehung zu.

2.2. Der Drachenknoten

Darunter versteht man die zwei Schnittpunkte der Mondbahn mit der Ekliptik. Es ist dies die „Finsternislinie", die Ebene, in der die Erde um die Sonne kreist. Bei einer Sonnenfinsternis verdeckt der Mond, oft nur partiell, die Sonne. Und so *„beißt der Drache von der Sonne ein Stück ab"*. Der südliche Mondknoten ist der Kopf des Drachens, der nördliche der Drachenschwanz. Es ist eine Allegorie am Himmelszelt, die den immerwiederkehrenden Kampf zwischen Gut und Böse, zwischen Ordnung und Chaos, zeigt.

Das Basiliskenhaus in Wien 1, Schönlaterngasse 7.
Ein Drache kann auch in die Gestalt eines Basilisken überwechseln, der mit seinen Flügeln, Krallenfüßen und dem Vogelkopf an einen Hahn erinnert. Und so ein Untier soll der Wiener Sage nach im Hausbrunnen der Schönlaterngasse Nr. 7 gesessen sein. Jeder, der es erblickte, musste sein Leben lassen. Daraufhin ließ man einen Spiegel in die Tiefe des Brunnen, und der Basilisk zerplatzte, als er sein abstoßendes Spiegelbild sah. Der weniger poetische Gehalt dieser Geschichte ist wohl der, dass aufgrund von Schwefeldämpfen die Menschen, die sich zu lange über den Brunnen beugten oder in den Brunnenschacht gestiegen waren, das Bewusstsein verloren.

2.3. Die Drachenlinien

In China gibt es eine etwa 5000 Jahre alte Geomantie. Sie wird Feng Shui, wörtlich übersetzt „Wind und Wasser", genannt. Die in der Erde fluktuierenden Energien bezeichnen die Chinesen als die „Adern des Drachens" – chinesisch „lung mei". Diese Pfade des Drachens durchziehen schlangenförmig das Land mit ihrer energetischen Kraft, und ihre Aufgabe ist es, die Lebenskraft, das „Chi" in der Landschaft zu verteilen. Die Pfade des Drachens kann man mit den europäischen Leylinien vergleichen. Allerdings wird in China diese Energie nicht unterbrochen oder z. B. durch Steinsetzung akupunktiert, sondern man versucht, sie für den Menschen, für ihre Häuser und Kultplätze einzusetzen und zu nützen.

Auf geraden Linien wird die Energie, das Chi, schneller transportiert. Es ist aber nicht ungefährlich, am Ende eines geraden Weges oder einer geraden Straße diese Energie zu empfangen. Es galt daher immer vorher abzuklären, welches Gebäude diesen Standort bekam und die Energie auch verbrauchen konnte. Man wusste genau, welche gesundheitsschädigenden Folgen ein schlecht gewählter Bauplatz hatte. Es durfte kein Wohnhaus auf einer Kraftlinie errichtet werden, denn auf Dauer gesehen, käme es dadurch zu einer zu hohen Energieaufladung für die Bewohner. Diese ist ebenso schädlich wie eine zu niedrige Energieaufladung. Für ein Wohnhaus ist eine schwächere Energie erforderlich als für einen Kfz-Werkstättenbetrieb oder für eine Schule, oder auch für Regierungsgebäude wie z. B. die Wiener Hofburg, das Weiße Haus in Washington oder der Palast des Kaisers von China. Wenige konnten, aufgrund des Standortes ihrer Residenz, diese Kraft konzentriert empfangen und entsprechend nützen, einer davon war der Kaiser von China. Daher ist der Drache mit seinen verzweigten Adern in China ein Glückssymbol. Denn es ist ein Glück, wenn der Mensch von der Erde positive Energie bekommt. Wie er diese Kraft verwendet, wie er damit umgeht, nun – das liegt an ihm. Diese terrestrischen Energien heißen in Frankreich „wuivre". Das Wort heißt übersetzt Schlange, und die etymologische Wurzel zu wuivre ist vivre, das Leben. Es sind also Lebenslinien. Und wie schon einige Seiten vorher im Kapitel „Die Griechen und der Nabel der Welt" erwähnt, folgten die Menschen dem unterirdischen Energiestrom. Erst durch das Sesshaftwerden der Menschen gelang es, diese Energie (vitalenergetische Dimension der Erde) festzuhalten, anzuzapfen, zu akupunktieren. Das nützte in erster Linie dem Landmann, dem Bauern (griech. Georg), der dadurch die Erdkraft, die seine Felder befruchtete, zur Verfügung hatte. Der Speer, der Holzpfahl, das Einschlagen des Omphalos vereinte die kosmischen mit den irdischen Kräften und hielt die Kraft des Drachens fest.

In der Definition von Günther Kantilli, einem bekannten österreichischen Geomanten und Heimatforscher, haben die Drachenlinien folgende Charakteristik:

„Bei den Drachenlinien handelt es sich um Primärwässer in einer Tiefe von etwa 1.000 Metern, das als rechtsdrehendes Mineralwasser an die Erdoberfläche kommen kann. (Skriptum Günther Kantilli 1992)*
(*Das rechtsdrehende Wasser wird im Kapitel Radiästhesie erklärt.)

Wenn man in unserem Kulturkreis von Drachenlinien spricht, so handelt es sich dabei meistens um unterirdische Primärwässer. Die Michaels- oder Drachenlinien verbinden Kirchen, die drachentötenden Heiligen geweiht sind. Diese Heiligen sind Michael, Georg und Margarethe. Diese Kirchen können oft kilometerweit auseinanderliegen oder sich räumlich auch sehr nahe sein. Der Anfang oder auch das Ende der Linien sind öfters durch eine Michaelskirche markiert, hin und wieder steht diese auf einem Hügel.

2.4. Die Auswirkungen der Drachenenergie:

Die Akupunktur und die Transformation von Lebensenergie durch die Chakren und der symbolische Tod des Drachens – oder: Der Zölibat ist nicht umsonst!

Die Akupunktur oder die Erweckung von Lebensenergie:

In den verschiedensten Mythen wird beim Drachenkampf das Ungetüm bezwungen und dessen Kraft „angezapft". Im Mittelalter sagte man, dass der Ritter den Drachen töten oder richtiger, bezwingen solle. Damit ist gemeint, dass der Ritter dieser akupunktierten Lebensenergie oder auch „Sexualenergie", symbolisch wird sie durch den Feuerdrachen dargestellt, nicht unterliegen oder von ihr beherrscht werden soll. Wird nämlich die Kraft, die Energie geweckt, akupunktiert, und besteht keine Übung darin, ihr zu erlauben, in höhere Energiezentren aufzusteigen, dann wird sie sich in den unteren Chakren manifestieren, wo vor allem die Geschlechtsorgane mit starker Lebensenergie versorgt werden.

Die Transformation von Energie:

Nach der indischen Yogalehre findet innerhalb des Ätherkörpers (siehe das Kapitel „Die vier Wesensglieder des Menschen") zwischen sämtlichen Chakren ein ständiger Stromaustausch statt, den man auch als Kundalini-Kraft oder „heilige Schlangenkraft" bezeichnet.

Was passiert dabei? Die ätherischen Erdkräfte steigen durch die Sohlen-Chakren in den Körper auf, links der positive und rechts der negative Strom. Bildlich gesehen steigt die Energie entlang der Wirbelsäule durch die Chakren aufwärts. Eine der Umpolungen geschieht dann im Wurzel-Chakra, die andere im Hals- bzw. Nacken-Chakra. Der positive Strom läuft in der linken Hand, der negative in der rechten Handfläche aus. „Negativ" ist nicht als schlecht zu deuten, diese Bezeichnungen sind eben mit Plus- und Minus-Werten vergleichbar. Zudem gibt es eine weitere Möglichkeit der Einströmung in den mentalen Körper. Diese findet aber nur dann statt, wenn bereits das obere Kopf- oder Kronen-Chakra und das Intuitions- oder Stirn-Chakra erweckt sind. Die einströmende Energie verbleibt in der Regel hier als Antriebskraft der höheren Sinne.

Wie schon oben erwähnt, haben die Chakren ihren Sitz im Ätherleib des menschlichen Körpers. Und was sind Chakren? Die Chakren sind Symbole für menschliche Bewusstseinsstufen, die, lt. C.G. Jung, mit bestimmten Stellen des menschlichen Körpers eng verbunden sind. Diese Körperstellen sowie die sieben Bewusstseinszustände stehen miteinander in Kommunikation. So sitzt z.B. die Angst im Nacken und das Mitleid und die Liebe pulsieren im Herzen. Sie werden daher als Kommunikationszentren, als Energiegeneratoren und als Kraftzentren des menschlichen Körpers angesehen.

Das Wort Chakra stammt aus dem Sanskrit und bedeutet Energiewirbel oder auch Rad. Bei einem Energiewirbel vermengt sich Inneres und Äußeres und das Äußere wird in das Innere hineingezogen – wie bei einem Wasserstrudel. Die Chakren drehen sich genauso wie Räder und ziehen feinstoffliche Energien, kosmische Strahlenkräfte und Informationen an. Aus diesen neu entstandenen inneren Quellen gedeihen Gedanken und Gefühle, intellektuelle und seelische Vorgänge. Die Energien sollen in den einzelnen Chakren und zwischen diesen frei fließen – ist das der Fall, dann ist der Mensch weitgehend gesund. Sind die Chakren in ihren Funktionen gedrosselt, blockiert, und ist dadurch der innere Energiefluss eingeschränkt, können psychische und physische Erkrankungen entstehen. Es ist aber auch möglich, Energien auch bewusst abzugeben und auszutauschen.

Sieben Hauptchakren sind bekannt. Dazu gehören die beiden unteren Chakren, das Wurzel- und das Sexual-Chakra. Es folgen die mittleren Chakren, das Nabel-Chakra, das Herz-Chakra und das Hals-Chakra. Die beiden letzten sind das Stirn-Chakra (Drittes Auge) und das Kronen-Chakra.

Lebensenergie und Zölibat:
Der Zölibat, der heute in der Öffentlichkeit kaum mehr verstanden wird, hat den Zweck, der Lebensenergie die Möglichkeit zu geben, in die höheren Zentren (Chakren) aufzusteigen.
Der Priester oder der Mönch möchte sein Leben den höheren geistigen Kräften weihen. Es soll ein Sieg des Höheren über das Niedrigere sein. Dieser Prozess kann jedoch Störungen unterworfen sein. Die sexuelle Energie kann sich aufstauen, weil die oberen Energiewirbel noch nicht vollständig funktionieren, wodurch eine weitere Transformation unmöglich ist. Allerdings kann auch eine vorzeitige Erweckung der Chakren, die mit der geistig-seelischen Reife eines Menschen nicht übereinstimmt, wie zahlreiche Beispiele aus der Yoga-Praxis belegen, gefährlich sein.

Der Zölibat kann in unserer Zeit, in unserer Gesellschaft, die in den Frequenzen der Sexualität schwingt, zu einer unerträglichen Last werden. Doch auch in diesem Fall kann geholfen werden. Ein Energiezentrum gilt nämlich als „ausgleichend". Es ist das Herzzentrum.

Natürlich soll die „Drachenenergie" im weltlichen Bereich nicht unterdrückt werden. Es fragt sich nur, ob die sexuelle Kraft so hemmungslos auszuleben ist, wie es teilweise heute üblich ist. Es könnte nämlich sein, dass die höher schwingenden geistigen Zentren dabei unterversorgt bleiben, so dass eine Verarmung an menschlichen Qualitäten und ein Verlust an Werten eintreten kann. Die Drachen- oder Fruchtbarkeitslinien sind die alten Lebenslinien, deren vitale Kraft die Menschen veranlasste, sie zu „akupunktieren" um so ihre fruchtbare Energie zur Verfügung zu haben. Die Drachen-, Fruchtbarkeits- oder Michaelslinien werden mit den europäischen Leylinien verglichen. Ihr Name leitet sich davon ab, dass sie Stätten verbinden, die den drachentötenden Heiligen geweiht wurden. Wie mit dieser fruchtbaren Energie umgegangen wird, das entscheidet jeder für sich selbst.

VIII. Die Radiästhesie

1. Was ist Radiästhesie?

Der Begriff „Radiästhesie“ wurde 1930 vom katholischen Geistlichen Abbé M.L. Bouly geprägt. Es ist eine lateinisch-griechische Wortkombination von radius (Strahl) und aisthesis (wahrnehmen, fühlen). Die deutsche Übersetzung dazu lautet Strahlenwahrnehmung oder Strahlenfühligkeit. Wahrgenommen werden dabei elektrische und magnetische Energien als Strahlungen, Schwingungen, Vibrationen oder Impulse. Es ist dies eine Fähigkeit, die ursprünglich zu den natürlichen Wahrnehmungsmöglichkeiten des Menschen gehörte. Das Kleinkind und das Tier haben diese Fähigkeit auch heute noch. Verändern Babys ihren Platz im Bettchen, dann sollten die Eltern den erwählten und besseren Platz ihres Kindes anerkennen. Dem Großteil der Erwachsenen ging dieser Sinn verloren. Die Rute und das Pendel werden zum Aufsuchen von Energien, von Wasseradern, Bodenschätzen und auch in der Alternativmedizin eingesetzt. Dabei fungieren Rute und Pendel als Indikatoren, der menschliche Körper ist das eigentlich fühlende Organ, das Medium. Die Technik der Handhabung von Pendel und Rute kann von sensitiven Menschen erlernt werden. Jedoch sind diese Werkzeuge nicht unbedingt für eine Sensibilisierung der intuitiven Wahrnehmung von feinstofflichen Dimensionen notwendig.

Die Ergebnisse einer radiästhetischen Messung bezeichnet man als Mutung. Sie ist eine Momentaufnahme, die durch äußere Einflüsse, z.B. Erdbeben, Gewitter und Umbauten, aber auch durch Gedankenfelder verändert werden kann.

Bei den von uns in diesem Buch beschriebenen **Orten der Kraft** werden wir Ihnen die radiästhetischen Mutungsergebnisse mitteilen und unsere persönlichen Empfindungen und feinstofflichen Beziehungen zu den jeweiligen Orten beschreiben. Diese Orte haben mit ihrer spezifischen Umgebung und ihrem jeweiligen Genius loci Einfluss auf uns, genauso wie wir durch unsere Anwesenheit die Atmosphäre am jeweiligen Ort beeinflussen. Die Diplomchemikerin Waltraud Wagner hat über diese Wechselwirkungen in einem anderen Zusammenhang geschrieben:

„Gemeinsam ist russischen Kosmobiologen die Einstellung, dass wir Teil eines Ganzen sind, in dem alles zueinander in Beziehung steht, so dass sich mit der Veränderung eines Teils auch alles andere verändern muss und das nicht nur auf physikalischer Ebene, sondern auch auf geistiger.“

(aus: Energie, Information und Form – Dipl.Chem.Waltraud Wagner)

2. Ein Abriss zur historischen Entwicklung der Radiästhesie

Das Rutengehen und Pendeln ist sehr alt. Das unterirdische Wasser wurde mit Hilfe der Rute aufgefunden. Die frühen Völker bedienten sich eines Zauberstabes, der sich vermutlich im Laufe der Jahrhunderte zur Rute entwickelt hat. Aus diesem Grund trug die Kunst des Rutengehens bei den Griechen den Namen Rhabdomantie (Rhabton = der Stab und mantie = sehen). Die Rhabdomantie oder das Rutengehen ist bis in das 2. Jahrtausend v. Chr. zurückverfolgbar. Schriftliche Aufzeichnungen über das Phänomen finden sich aber erst mit dem Beginn der frühen Neuzeit. So soll der Benediktinermönch Basilius Valentinus um 1490 eine „Caduceum, Heroldstab, göttliche Rute, Jacobsstab, Weissagungsrute, Baguette“ beschrieben haben, mit deren Hilfe man verborgene Schätze in der Erde aufspüren konnte. Auch im Buch „De ve metallica“ von Georg Agricola von 1530 ist eine Abbildung, die einen Mann mit Wünschelrute bei der Erzsuche zeigt. Ein Jahrhundert später befasste sich der Jesuitenpater Athanasius Kircher (1601-1680) mit dem Phänomen und befreite es vom Mystizismus. Die Wünschelrute wurde vom 16. bis zum 18. Jahrhundert vor allem im Bergbau viel verwendet, erst im rationalistischen, wirtschaftsgläubigen 19. Jahrhundert wurde es ruhig um sie. Ihre zu Beginn des 20. Jahrhunderts sich anbahnende Renaissance wurde in Deutschland und Österreich durch ein Verbot der Radiästhesie unter den Nationalsozialisten 1941 unterbrochen. Erst ab den 50-er Jahren entstanden wieder radiästhetische Vereine, und mit dem Esoterikboom der letzten Jahrzehnte und der sich etablierenden Baubiologie gewann die Wünschelrute in der jüngeren Vergangenheit eine beachtliche Breitenwirkung.

3. „Das Blut der Erde“ – oder das unterirdische Wasser

In China wird unterirdisches Wasser als „Blut der Erde“ bezeichnet. Seit alters her ist es bekannt, dass Wasser unter einem Haus, sei es nun in Form einer Wasserader oder eines Grundwassersees, Beeinträchtigungen bei fast allen Bewohnern herbeiführt. Dauermüdigkeit und Verlust an Vitalität wird eintreten. Bei einem geschwächten Immunsystem ermüden im Laufe der Zeit die Zellen, oder sie vermehren sich übermäßig, Folge ihrer ständigen Abwehrbemühungen. Für etwa 1 ½ Stunden allerdings wirkt die unterirdische Wasserführung energiespendend, aktivierend und belebend. Um diese Kraft der unterirdischen Wasserläufe und der sprudelnden Quellen wissend, errichtete man über ihnen Kapellen und Kirchen. Vor allem dort, wo die Priester standen und predigten, sind oft sich kreuzende Wasseradern zu muten. Denn die Priester und Kleriker sollten mit viel Energie, Kraft und Spiritualität zum Volke predigen. Dazu konnten die Wasserläufe beitragen!

Um das Jahr 1960 wurden in der Kathedrale von Santiago de Compostela im Chorbereich Grabungen durchgeführt. Man entdeckte vierzehn alte Kanäle, die von Menschenhand errichtet worden waren! Sie waren im Pflaster des Chorumganges durch schwarzen Marmor angedeutet. Bei Renovierungsarbeiten wurde die Wasserzufuhr unterbrochen und die künstlichen Kanäle zugeschüttet. Man hat also bei den notwendigen Erneuerungen das Wissen der alten Meister nicht mehr berücksichtigt.

Eine Linie ist in diesem Kapitel wichtig. Sie kann mental gemutet werden und wird als *„drittes Gitter“*, als *„Beredsamkeitslinie“* oder als *„linea sancta“* gedeutet. Diese Zonen können nur bei Kreuzungen von *„rechtsdrehenden“* Wasserläufen vorkommen. Sie werden deswegen als Beredsamkeitslinien bezeichnet, weil die Energie der kreuzenden Wasserführungen den Priester bei seiner Predigt stimuliert, sich überzeugend mitzuteilen. Wir haben diese Linien bei unseren Untersuchungen in den Kirchen muten können.

Machen wir noch einen Sprung in das „kühle Nass", in das unbekannte Element Wasser! Wir wählen dafür *„rechtsdrehendes"* Wasser. Was hat es damit auf sich? Wasser hat die Fähigkeit Informationen aufzunehmen und weiterzugeben. Es können z.B. Schwingungsinformationen von Heilmitteln auf das Wasser übertragen werden, wie dies in der Homöopathie erfolgt. Die bioenergetische Qualität des Wassers ist mitentscheidend für den Gesundheitszustand des Menschen. Der Unterschied zwischen Quellwasser und schalem Wasser ist erschmeckbar. Totes Wasser ist linksdrehend und hat keine regenerative Kraft. Es gibt das biologisch neutrale N-Wasser, das 99 Prozent der Gesamtwassermenge ausmacht. Somit ist also nur ein Prozent biologisch aktiv, und dieses eine Prozent teilt sich in A-Wasser und B-Wasser auf. Das A-Wasser, aktives Wasser, hemmt Stoffwechselvorgänge und tötet Bakterien, während im rechtsdrehenden B-Wasser, dem sogenannten Bio-Wasser, die biologische Lebenskraft steckt. Natürlich fließendes Wasser ist fast immer rechtsdrehend, aber erst ein bestimmter Anteil an Bio-Wasser macht eine bestimmte Wassermenge rechtsdrehend. Bio-Wasser ist optisch aktiv, es kann die Polarisationsebene des Lichtes drehen, und es hat eine andere molekulare Konfiguration als neutrales Wasser. Es dreht das Licht nach rechts, daher die Bezeichnung „rechtsdrehendes Wasser". Wichtig ist nun, dass dieses „rechtsdrehende Wasser" an heiligen Plätzen Heilkraft besitzt, weil es das organisierende Prinzip im Körper überall durch Resonanz aktiviert. Wenn dieses Wasser an die Oberfläche gelangt, dann kann es zu einer Heilquelle für unsere geistigen und körperlichen Defizite werden. An Orten mit rechtsdrehendem Wasser können die terrestrischen Strahlen durch die Reflexion des Wassers verbreitet und zusätzlich aktiviert werden. Heute findet dieses Wissen um die Kraft der Wasseradern in der Baubiologie im vermehrten Maße Berücksichtigung. Oft wird schon vor Baubeginn der Bauplatz radiästhetisch untersucht, und die Erkenntnisse dieser Begehung finden dann Eingang in die Planung.

4. Die Erscheinungsformen der Erdstrahlen und ihre Auswirkungen auf den Menschen

Der Begriff „Erdstrahlung" oder „terrestrische Strahlung" ist ein Sammelbegriff für Kräfte, die im Boden vorhanden sind und deren Auswirkungen bis in die Atmosphäre reichen. Man spricht in diesem Zusammenhang von Reaktionszonen, die „weltweit in Erscheinung treten und gewissen Gesetzmäßigkeiten zu unterliegen scheinen". (Purner, 1982) Diese Reaktionszonen werden als „energieabziehende" und „energiespendende" Strahlungsphänomene bei den Mutungen erkannt.

Die energieabziehenden Zonen werden auch als geopathogene Zonen beschrieben. Sie umfassen elektrische und magnetische Felder, tektonische Bruchlinien und Erdverwerfungen (das sind durch erdgeschichtliche Aufschiebungsphänomene und Erdbeben ineinander geschobene Erdschichten, wodurch gebündelte Erdenergien freigesetzt werden können), Wasserführungen und Gitternetze. Diese

Zonen können mit Rute und Pendel aufgefunden werden, ihre energieabziehende Wirkung wird dabei durch eine Linksdrehung des Pendels angezeigt. Daneben gibt es die energiespendenden Zonen wie verschiedene Linien und Gitternetze, und Wasserführungen, die wir bei Orten der Kraft muten konnten. Diese Zonen werden ebenfalls mit der Rute gemutet, während die rechtsdrehende Bewegung des Pendels ihre energiespendende Wirkung anzeigt. Sehr sensitive Menschen können kraftvolle Zonen ohne Hilfsgeräte erfühlen. Erdstrahlen lassen sich nur geradlinig feststellen, sie kreuzen sich rechtwinkelig so, dass sie regelmäßige Gitter bilden. Interessanterweise lassen sich zwei solche Gitternetze muten: das Hartmann- oder Globalnetzgitter und das Curry- oder Diagonalnetzgitter.

Das Hartmann- oder Globalnetzgitter ist benannt nach Dr. med. Ernst Hartmann (10.11.1915–23.10.1992). Er nannte dieses Gitter, das sich über den ganzen Erdball erstreckt, Globalgitter oder Globalnetzgitter. Das Gittersystem besteht aus stehenden Wänden, anscheinend durch kosmische und terrestrische Komponenten verursacht, und ist magnetisch ausgerichtet. Es verläuft in Nord-Süd- und in Ost-West-Richtung. Die Wände des Netzes, sogenannte Reizstreifen oder Reizzonen, haben in der Nord-Süd-Richtung einen Abstand von etwa 2 Metern, in Ost-West-Richtung einen von ungefähr 2,5 Metern. Die Reizstreifen sind an die 20–30 cm breit. Das Gittermuster kann durch topographische Einflüsse, wie Bodenformation, Erdbeben, Gewitter, kosmische Einflüsse etc. variieren.

Das zweite Gitter ist das Curry- oder Diagonalgitternetz.
Dr. med. Manfred Curry veröffentlichte 1952 in einer Zeitschrift für praktische Heilkunde erzielte Forschungsergebnisse bezüglich eines weiteren Gitternetzes. Dieses Diagonalgitternetz wird auch Currynetz genannt. Das Currygitter hat eine Maschenweite von 3-4 Metern und liegt in den Zwischenhimmelsrichtungen.

Es soll sich bei diesen Strukturen um ein „System von polaren Feldern“ handeln, welche schachbrettartig über die ganze Erde verteilt sind. Das Diagonalgitternetz soll nicht jenes dynamische Verhalten aufweisen wie das Globalnetz, sondern hat einen geistig-kosmischen Bezug.

Die Kreuzungspunkte des Diagonalgitternetzes können sich mit denen des Globalgitternetzes treffen und überlagern. Diesen Zonen wird allgemein eine aufbauende, anregende Wirkung zugeschrieben. Solche Überlagerungspunkte lassen sich auch bei unseren Orten der Kraft feststellen. Die Kreuzungspunkte können aber auch eine energieabziehende, also geopathogene Wirkung haben. Eigenartigerweise werden die Gitternetze nur von Radiästheten aus dem mitteleuropäischen Raum gemutet. Können diese Netze morphogenetische Gedankenfelder sein, die wir bilden? Wir halten sie für existent und muten sie daher. Erwähnenswert ist aber auch die Meinung, dass Erdstrahlen an sich neutral sind und dass es vom einzelnen Menschen abhängt, in welcher Form – energienehmend oder energiespendend – sie sich äußern.

Ein „Mitnehmen“ von Reizzonen ist somit durchaus möglich. Ein Beispiel:
Sie fühlen sich an ihrem Schreibtischplatz nicht wohl. Der Radiästhet stellte eine Reizzone unter ihrem Schreibtischsessel fest, und ein neuer, störungsfreier

Arbeitsplatz wird ausgesucht. Nach Wochen erfolgt eine Überprüfung des neuen Platzes, und man stellt verwundert eine neue, vorher nicht gemutete Reizzone fest. Das „Alte" wurde von Ihnen mitgenommen, in welcher Form auch immer.

5. Das Huhn oder das Ei ? Was war zuerst?

Im Zuge unserer radiästhetischen Mutungen in den Kirchen Wiens stellten wir uns anfänglich immer wieder die Frage: Was war zuerst, die Strahlungsphänomene oder das Bauwerk? Der Standort der Kirche wurde aufgrund von bestehenden Milieustrukturen wie Quellen, Wasserläufen, Linien, Kultplätzen sowie durch die Berücksichtigung von Sonnenortungen, Sagen und Mythen, Erscheinungserzählungen etc. erwählt. Dass die radiästhetischen Zonenverläufe in den europäischen Kirchen einander ähneln, konnte bereits nachgewiesen werden; dass aber die Netzgittersysteme bei der Planung von Kirchen berücksichtigt wurden, erscheint als unwahrscheinlich. Angenommen wird jedoch, dass durch die architektonische Gestaltung und vor allem durch eine mentale Projektion und durch Kulthandlungen eine mögliche Konzentration, sowie eine Verschiebung, Verzerrung oder Anpassung der Gitternetze möglich ist.

6. „Die Ausgangspforte der Dämonen" – geopathogene Kreuzungspunkte

Ausgangspforten der Dämonen werden die geopathogenen Stellen und Kreuzungspunkte in der chinesischen Literatur genannt. Manche Tiere und Pflanzen suchen sie, andere meiden sie.

Zu den „*Reizzonensuchern*" gehören: Ameisen, Biber, Bienen, Enten, Eulen, Katzen, Maulwürfe, Schlangen (Drachen!!!) und Wespen. Unter den Pflanzen, Sträuchern und Bäumen sind es: Asparagus, Brennnessel, Efeu, Farn, Fingerhut, Herbstzeitlose, Johanniskraut, Minze, Mistel, Marillen, Pfirsiche, Pflaumen (Steinobst), Erle, Fichte, Lärche, Tanne, Weide, Eichen etc. Die „*Reizzonenflüchter*" sind: Dachse, Füchse, Hühner, Hunde, Kaninchen, Pferde, Rinder, Schafe, Schweine, Ziegen, Hoch- und Rehwild, Vögel und Menschen. Bei den Pflanzen, Sträuchern und Bäumen: Azaleen, Begonien, Flieder, Kakteen, Sonnenblumen, Apfel- und Birnbäume, Buchen und Linden. Reizstreifenmeidende Bäume auf Störzonen sind durch abnorme Wuchserscheinungen leicht erkenntlich: krebsartige Auswüchse, Schrägwuchs, um Strahlen auszuweichen, Verdoppelung des Stammes (Zwiesel), Drehwuchs etc.

7. Der Schutz der Priester

Bei kontinuierlichen, jahrelangen Aufenthalten auf dynamischen Kraftplätzen kann eine Überreizung im menschlichen Organismus eintreten. Es ändern sich die elektrischen und magnetischen Komponenten des menschlichen Kraftfeldes. Chronische Müdigkeit, Konzentrationsmangel, eine Schwächung des Immunsystems und Krankheiten können als Folgewirkung darauf hinweisen. Wie können sich nun die Priester vor dem „Zuviel-des-Guten" schützen?

Pfarrer Franz Jantsch versucht diese Frage in seinem Buch „Kultplätze im Land um Wien" zu beantworten und erklärt:

... es heißt, sie, die Priester haben sich durch Gewänder und Schmuck geschützt. Der Brustschmuck der jüdischen Hohepriester hatte diesen Sinn. Man nimmt an, dass das weiße Unterkleid der Priester die Strahlung abhielt. Die Stola, die wie ein Hufeisen um den Hals liegt und nach unten weist, hatte wahrscheinlich eine abschirmende, ableitende Wirkung.*
*Bis zum letzten Konzil trugen die Priester ein Ärmeltuch, den Manipel, dessen Sinn und Zweck man im Laufe der Jahrhunderte vergessen hat. Man glaubt, es sei einmal ein Schweißtuch gewesen. Wahrscheinlich leitete es die Strahlung ab, die zu stark war. Man schaffte das geheimnisvolle kultische Kleidungsstück einfach ab. Das weiße Unterkleid wurde durch ein Allerweltskleid ersetzt, das bequemer ist und auch der Gürtel, das sogenannte Zingulum. Besonders gefährdet sind Bischöfe und Päpste.** Sie waren den Strahlen an ihren Plätzen besonders lange ausgesetzt, darum die vielen Kleider. Bei den Bischöfen schützte man selbst die Füße durch Kultschuhe. Sie trugen doppelte Unterkleider, dazu das sogenannte Pallium, das der Papst ursprünglich allein tragen durfte, dann aber auch den Erzbischöfen verlieh. Es hat die gleiche Bedeutung.*
Eigene Schafe liefern die weiße Wolle, die am Fest der heiligen Agnes geweiht und von Nonnen verarbeitet wird. Sie sticken schwarze Kreuzchen in den Kragen, von dem je ein Band am Rücken und eines an der Brust herabhängt. Dann wird der Umhang feierlich geweiht.

* Der Brustschild des Hohenpriesters ist mit zwölf Edelsteinen geschmückt: Rubin, Chrysolith, dunkelgrüner Beryll, Türkis, Lasurstein, Jaspis, Hyazinth, Achat, Amethyst, Rarsis, Karneol und Nephrit. „Die Steine sollen die Namen der Söhne Israels tragen."

Manche Legenden berichten auch von der Verwendung von Edelsteinen in den Fundamenten der Kirchen. Sie galten als mögliche Abwehrmaßnahme, als Schutz gegen Böses. Bei der Reichskrone, sie stammt aus der zweiten Hälfte des 10. Jahrhunderts, sind an der Nacken- und Stirnplatte jeweils zwölf große, hochgefasste Edelsteine befestigt. Diese vierundzwanzig Steine entsprechen den zwölf Stämmen Israels und den zwölf Aposteln. Eine Zuordnung zu den zwölf Sternzeichen und ihrer Kraft ist ebenso üblich. Die Steine werden u.a. als Allegorie des Himmlischen Jerusalems und als Heilszeichen gedeutet. (Die Krone ist in der Wiener Schatzkammer zu sehen.)

** Der Bischofsstab mit der Krümme entwickelte sich aus dem Hirtenstab. Der Stab selbst vermittelt Fruchtbarkeit und Leben, andererseits dient er der Abwehr des Bösen. Der Bischofsstab ist das Symbol der Hirtengewalt des Bischofs über seine Gemeinde.
Ab dem 13. Jahrhundert befestigte man am oberen Ende der Krümme ein schleierartiges Tuch, Velum genannt, welches wahrscheinlich ebenso Strahlung ableiten sollte. Die Krümme ähnelt der Spirale, die als Symbol ständig erneuernden Lebens und der kosmischen Bewegung gilt. Möglicherweise wurde daraus die heimische barocke „Nabelscheibe", die ebenfalls apotropäischen Charakter besitzt, geformt. Denn der Blick soll auf den Punkt fallen, es ist der magisch wichtige Erstblick, der gebannt wird.

Die nachstehenden Gebete mit den entsprechenden Gewändern der Priester wurden 1997 anlässlich einer Ausstellung in der Stephanskirche dem Publikum mitgeteilt. Es sind die Gebete, die der Priester beim Anlegen der Pontifikalien beten soll.

Schultertuch
Leg über mein Haupt, o Herr, den Helm des Heiles,
um die Anfechtung des Bösen zu überwinden.

Alba
Mach mich weiß, o Herr, und reinige mein Herz,
damit ich, im Blut des Lammes weiß gemacht, die ewigen Freuden genießen kann.

Zingulum
Umgürte mich, o Herr, mit dem Gürtel der Reinheit und tilge in mir alles Unreine,
damit die Tugend der Enthaltsamkeit und Keuschheit in mir bleibe.

Stola
Gib mir, o Herr, die Stola der Unsterblichkeit,
die ich durch die Übertretung meiner Urväter verloren habe.
Und da ich unwürdig zu deinen Mysterien hintrete,
möge ich dennoch die ewige Freude verdienen dürfen.

Messgewand
Herr, du hast gesagt: Mein Joch ist sanft und meine Last ist leicht:
Gib, dass ich es so tragen kann, dass ich deine Gnade erlange.

IX. Der Dom zu Sankt Stephan

„... und andere Dome werden verehrt, doch Sankt Stephan liebt man!"

Kardinal Dr. Christoph Schönborn

1. Am Anfang war der Klang – die göttlichen Schwingungen

Im Anfang war das Wort
und das Wort war bei Gott,
und das Wort war Gott.
Im Anfang war es bei Gott.
Prolog nach Johannes

Ihr Klang ist tief und durchdringend, und wenn sie ruft, dann schwingt der Nordturm, in dem sie hängt, begleitend mit. Es ist die Pummerin, die große, schwere Glocke, die hoch über der Stadt mit ihrem Geläut zu den Menschen spricht. Sie beginnt mit dem Schlagton C (C+ 4/16). Es ist ein ungewohnt tiefer Ton. Auch der Ton der Sonne ist das C. Die erste hörbare Unteroktave der Sonnenfrequenz liegt bereits im Hörbereich und beträgt 16 156,26 Hz. Die Pythagoreer entdeckten früh die Abhängigkeit des musikalischen Intervalls von den Proportionen der Saitenlängen und begründeten darauf eine umfassende Weltansicht, welche auf den mathematischen Harmonien im ganzen Kosmos bis hin zu den Gestirnsbewegungen beruhte.

„... und die Himmelskörper bewegen sich um das Zentrum des Alls in proportionierten Abständen, woraus nach akustischen Gesetzen verschiedene Tonhöhen resultieren, die sich zu harmonischen Intervallen vereinigen." Nikomachos, Martianus Capella und Boethius, Lexikon der Alten Welt.

Dass diese Harmonien noch niemand gehört hat, wird mit dem psychologischen Argument erklärt, dass das menschliche Gehör sich an diesen lauten Schall wie bei einem Nachhall gewöhnt hat. Der Sonnenklang ist ein Meditationsklang, ein Urton, ein Urklang.

Pummmm, Pummmm – so tönt die große Glocke von St. Stephan, und daher rührt auch ihr Name. Ommmm, Ommmm... Das Om ist ein asiatisches Mantra, eine Formel für Meditationszwecke.

Probieren Sie diese Laute aus, laut und tief. Richtig gesprochen dringt der Klang vom Kopf durch den Brustraum in den Bauch, und der ganze Körper kann zu schwingen beginnen. Das „M" soll kraftvoll nachtönen und vibrieren. Sollten Sie jetzt Lust auf Pumm oder Om bekommen haben, blicken Sie zuerst um sich, vielleicht sollten Sie doch, wenn Sie gerade im Kaffeehaus sitzen und lesen, hinausgehen und dann tönen Sie, wenn Sie um die Ecke sind. Möglicherweise treffen Sie auch auf einen anderen Menschen, der schwingt: Pumm, Omm ...

Alles schwingt, der gesamte Kosmos und mit ihm unsere Sonne. In diesem Wissen schrieb Johann Wolfgang von Goethe:

Die Sonne tönt nach alter Weise,
in Brudersphären Wettgesang,
und ihre vorgeschrieb´ne Reise,
vollendet sie mit Donnergang ...

Faust I, Prolog im Himmel

Die Pummerin läutet, wenn die Menschen in der Stadt ihre durchdringende, wärmende Sonnenenergie brauchen können: zu Allerseelen, am Heiligen Abend, am Stephanitag, zum Jahreswechsel, am Ostersonntag, erhebend zu Pfingsten, zu Fronleichnam und zu Mariä Himmelfahrt, aber auch zur Inthronisation und beim Tod des Papstes und des Erzbischofs von Wien und bei Staatstrauer.

1.1. Das Geheimnis des Glockenklangs

Beim Anschlagen einer Glocke hört man einen markanten Ton. Das besondere an ihm ist, dass er physikalisch nicht messbar ist: Er existiert sozusagen gar nicht. Erst durch die Vermischung aller „echten Töne" entsteht der Schlagton als akustische Täuschung, bestimmbar nur durch Hörvergleiche bzw. mathematische Berechnungen. Nur den besten Glockengießern gelingt es, den Hauptton einer Glocke auf Sechzehntel eines Halbtones im Vorhinein genau zu berechnen und dementsprechend die Glocke auch zu gießen (Pummerin C +4/16).
„Bim – Bam, Ding – Dong", so drücken Kinder die Mehrstimmigkeit der Glocke aus. Aber nicht nur zwei Töne birgt eine Glocke in sich, es können bis zu 50 verschiedene Töne sein!
Und eine weitere Herausforderung ist es, die fünf markantesten Teiltöne – in den Intervallen Oberoktave, Unteroktave, Terz und Quinte jeweils zur Prime – sowohl im Läuten einer Glocke als auch im Zusammenspiel mit mehreren Glocken in klangliche Harmonie zu bringen. Auch am Nachhall wird die Qualität der Glocke gemessen. Ab dem Anschlag soll eine gute Glocke etwa pro Zentimeter Durchmesser ca. eine Sekunde lang tönen. Die Pummerin hat einen Durchmesser von 314 cm und einen Nachhall von ca. 200 Sekunden, das sind 3,33 Minuten. 3,33 Minuten durchdringender Nachhall! Pummmmmmm... Die Pummerin ist eine Oktavglocke. Eine solche Glocke bedeutet die höchste Vollendung in der Glockengießkunst.
„Octavus sanctos omnes docet esse beatos." Zu deutsch: *„Die Oktave lehrt alle Heiligen, glückselig zu sein,"* berichtet eine geheimnisvolle Inschrift auf einem Kapitell der Abteikirche von Cluny.

„Denn der achte Ton greift den Grundton wieder auf, nur eine Oktave höher – die Oktav ist als wiederhergestellte vollkommene Konsonanz gleichsam Rückkehr zur ursprünglichen Harmonie und „Seligkeit" der Eins, der Prim. Vollkommen ist der achte Ton in allem und übersteigt die irdischen Arbeiten und alle Mühsal – und somit sind die Einheit und die Zahl Acht die deutliche Grenze, an der das Irdische sich mit dem Jenseits berührt".
(Hans Sedlmayr, in: Das Geheimnis der Zahlen von Otto Betz)

1.2. Von den Rundungen der Pummerin und anderer Glocken

Die Pummerin wurde aus den Trümmern ihrer Vorgängerglocke, der „alten Pummerin", gegossen, die am 12. April 1945 beim Brand des Domes zur Erde fiel und zerbarst. Die „alte Pummerin" wurde 1711 in Wien aus dem Metall der eroberten türkischen Kanonen nach der zweiten Türkenbelagerung gegossen. Die Pummerin hat einen Durchmesser von 314 cm, eine Höhe von 294 cm und ein Gesamtgewicht von 21 383 kg. Sie ist die größte freischwingende Glocke Österreichs. Gegossen wurde sie in der Glockengießerei des Stiftes St. Florian in Oberösterreich. Die größte läutende Glocke Europas hängt im Kölner Dom und hat ein Gewicht von 27 Tonnen. „Zar Kolokol", die größte Glocke der Welt, ist mit 195 Tonnen zu schwer um zu läuten, sie „ruht" im Kreml.

1.3. Die Mystik der Glocken

Magische Kräfte schreibt man den Glocken zu. Zahlreich sind auch die Aufschriften auf den Glocken, die die übernatürliche Kraft des Glockenklanges gegenüber verschiedenem Ungemach kundtun. Zum Beispiel auf den Wetterglocken: *„Vivos voco, mortuos plango, fulgaro frango" – „Ich rufe die Lebenden, beklage die Toten und breche die Blitze". „Fulgura non frango" – „Ich breche keine Blitze"*, steht auf manchen Glocken evangelischer Kirchen, und die gegensätzlichen Auffassungen sind selbst da erkennbar.

Mit übernatürlicher Kraft versehen, sollten die Glocken mit ihrem „Wettergeläut" die anziehenden Gewitter verscheuchen. Denn die frühen, schwer lesbaren gotischen Großbuchstaben, die Majuskeln, mit denen die Glocken verziert wurden, hatten nicht nur eine inhaltliche Bedeutung, sondern drückten zudem auch eine ornamentale Kraft aus! Es gibt also auch Formen der Kraft, und um wirksam zu sein, müssen diese Muster oder Schriften in ihrer Form, in ihrem Inhalt ausdrücken, was ihr Schöpfer zu erreichen beabsichtig. Gelingt dies, lebt die Darstellung, sie strahlt inhaltlich etwas aus und vermittelt eine bestimmte Energie, die geprägt und geformt ist von ihrem Hersteller.

Die Namen der einzelnen Glocken eines Geläutes verraten uns die verschiedenen Zweckbestimmungen der einzelnen Glocken. Da gibt es die „Bieringer" (Bierglocke), die ursprünglich den Wirtsleuten das Ende des Bierausschankes anzeigte, oder die ehemalige „Feuerin" (Feuerglocke), die ausgebrochenes Feuer durch ihr Geläute meldete.

Bei St. Stephan gab es auch eine „Speisglocke", die geläutet wurde, wenn einem Sterbenden die letzte „Speis", die letzte spirituelle Wegzehrung gereicht wurde. In zweimaliger Absetzung ertönte ihr geweihtes Geläut im Ton C2 als Begleitung in eine andere Welt. Dem Sterbenden wurde es dadurch erleichtert, den irdischen Bereich mit den geliebten Menschen zu verlassen. Diese Glocke wurde 1746 gegossen und steht mit der „Zügenglocke" am Aussichtsplatz des Nordturmes. Mit der Letzteren begann man 1707 die Menschen in der Stadt zum Gebet für die in den letzten Zügen Liegenden mittels Glockengeläut aufzufordern. Mit dreimaliger Absetzung wurde geläutet. Es war der Ton der Zügenglocke. Dem sterbenden Menschen wurde Liebe, Trost und Kraft durch die Gebete und durch den Glockenklang mitgegeben. Was für einen Hilfe und Unterstützung für den Dahingehenden!

1.4. Die Glockenweihe – Du rufst die Menschen, du lobst den Herrn!

Als ein Instrument der göttlichen Gnade pflegte man seit jeher die Glocken nach einem feierlichen Weiheakt in den Dienst der Kirche zu nehmen. Die Weihe erfolgt durch den Bischof oder einen bevollmächtigten Priester. Die Glocke wird zuerst mit geweihtem Wasser abgewaschen. Das Weihwasser reinigt und weist auf Leben hin. Loblieder auf Gottes Größe und Güte werden rezitiert. Nun wird die Glocke mit Chrisam gesalbt: Siebenmal außen und viermal innen (siehe dazu das Kapitel Zahlenmystik). Chrisam ist ein helles Olivenöl, mit dunklem Balsam und Gewürzen vermengt, welches am Gründonnerstag konsekriert wird. Das Öl hat eine Heilwirkung und mit der Fülle des Heiligen Geistes soll die Seele der Menschen getränkt werden. Mit Weihrauch und Myrrhe wird die Glocke beräuchert: Weihrauch ist das Harz des Weihrauchbaums, es hat seit jeher eine apotropäische Wirkung. Weihrauch ist ein Ausdruck für die festliche Freude der Gegenwart Gottes. Myrrhe heißt der erhärtete Saft des Balsamstrauches. Er ist wohlriechend, aber bitter schmeckend. Und bitter war der Erdenweg Christi – das ist eine Andeutung auf seine Passion. „Es ist der Wille der kirchlichen Obrigkeit, dass jede Kirche Glocken besitzen soll, durch welche die Gläubigen zum Gottesdienst und anderen religiösen Übungen eingeladen werden sollen. Auch sollen die Kirchenglocken konsekriert oder benediziert werden nach dem vorgesehenen Ritus. Es ist streng verboten, an Stelle der geweihten Glocken irgendeinen Apparat oder ein Instrument zu verwenden, um das Glockengeläute auf mechanischem oder automatischem Wege nachzuahmen oder zu verstärken." (Kirchliches Handlexikon, 1907) Glocken sind geweiht, sie ertönen in bestimmten Tonlagen, sie sind mit kraftvollen, religiösen Formeln versehen, sie unterbrechen durch ihr Geläute unseren Alltag, und sie verteilen schwingend ihre Energie in die Umgebung. Die Glocken sind Energieträger.

Lassen wir zum Abschluss noch Friedrich Schiller sein Lied auf die Glocke anstimmen:

Fest gemauert in der Erden
Steht die Form aus Lehm gebrannt.
Heute muß die Glocke werden!
Frisch, Gesellen, seid zur Hand!
Von der Stirne heiß
Rinnen muß der Schweiß,
Soll das Werk den Meister loben;
Doch der Segen kommt von oben.

Nehmet Holz vom Fichtenstamme,
Doch recht trocken laßt es sein,
Daß die eingepreßte Flamme
Schlage zu dem Schwalch hinein!
Kocht des Kupfers Brei,
Schnell das Zinn herbei,
Daß die zähe Glockenspeise
Fließe nach der rechten Weise!

Wohl! Nun kann der Guß beginnen,
Schön gezacket ist der Bruch.
Doch bevor wir's lassen rinnen,
Betet einen frommen Spruch.
Stoßt den Zapfen aus!
Gott bewahr das Haus! ...

2. Der Südturm von St. Stephan oder der Sendemast Gottes

„Der Name Gottes ist ein fester Turm;
der Gerechte flieht zu ihm und ist geborgen“
(Spr 18,10)

Wahrscheinlich hat Rudolf IV., mit dem Beinamen der Stifter, aus dem Hause Habsburg im Jahre 1359 mit Hilfe einer silbernen Mauerkelle und einer Haue den Grundstein zum Südturm gelegt. Dieser Kirchturm ist 136,4 m hoch, nach 343 Stufen erreichen Sie das in 73 m Höhe gelegene Türmerstübchen und können von hier aus Wien aus einer anderen Perspektive sehen.

Der „Steffl“, der Kirchturm, gibt die göttlichen Segenswünsche, die Kraft und die Gnade an die Umgebung ab. Wer Glück hat, wohnt im Einflussbereich dieses göttlichen Sendemastes.

Eine besonders fried- und liebevolle, feierliche und erhabene Stimmung ist um jedes Gotteshaus, wenn im Inneren der Gottesdienst zelebriert wird. Nehmen Sie sich einmal die Zeit, um die Atmosphäre um eine Kirche herum an einem Sonntagvormittag zu erfahren–, vielleicht mit einem kleinen Kind an der Hand. Möglicherweise werden Sie auch inwendig innehalten, wenn Sie nun auch als Nichtkirchgänger die Symbiose von menschlicher und göttlicher Liebe erahnen und vielleicht auch erspüren. Besonders stark ist die göttliche Kraft, wenn die Menschen während des Gottesdienstes, konzentriert im Gebet versunken zum Tisch des Herrn gehen. Die göttliche Gegenwart Christi erfüllt die Kirche, und das einsetzende Glockengeläut gibt davon Kunde und die Kirchtürme verströmen diese Energie. Ein Kokon, ein Gebilde gewebt aus feinstofflicher Energie, ein Zauber aus einer anderen Welt umgibt nun die Kirche. Wenn Ihr Herz dafür offen ist, ist Gottes Segen und Gnade stärkend mit Ihnen. Unser tägliches Leben ist die Zugbrücke zu unserem Herzen. Manchmal ist diese Verbindung unterbrochen – das kommt immer wieder vor. An uns ist es gelegen, die Pforte unseres Herzens offen zu halten, denn Gottes Füllhorn wird nicht leer. Aber wann, wo und wie es geleert wird, das ist Gottes Plan und für uns nicht einsichtig. Als ein möglicher Ort der Begegnung mit der göttlichen Kraft bieten sich die Häuser Gottes weltweit für die Menschen an.

Die Gnade strömt durch uns,
und wir ermüden nie.
Die Gnade, die wir geben,
ist das Leben, das wir leben.
Chor der Engel

Wie wichtig für uns Menschen die Beziehung zu Gott ist, darüber gibt auch eine Notiz in der Münchner Abendzeitung Auskunft: „Religion hilft der Seele und dem

Körper: Wer tief gläubig ist, bleibt eher gesund! Tiefgläubige Menschen sind mit ihrem Leben zufriedener als Atheisten, bewältigen Stress besser und leiden seltener unter Depressionen." Das ergab eine Studie des Münchner Forschers Bernhard Grom. US-Untersuchungen zufolge sind Gläubige noch dazu auch körperlich gesünder. „Religion beinhaltet in der Praxis positives Denken", erklärte Professor Grom der Münchner Abendzeitung. Diese Einstellung hilft Menschen bei der Bewältigung des Lebens. Fromme werden außerdem mit schweren Krankheiten und dem Tod besser fertig – unabhängig davon, ob sie regelmäßig in die Kirche gehen oder privat beten.

2.1. Sinnbildhafte Bezüge

Der Turm von St. Stephan, der „Steffl" wie er liebevoll von den Bewohnern der Stadt genannt wird, hat einen quadratischen Sockel, der in vier massive Eckpfeiler hineingesetzt wurde. Diese massige viereckige Grundform reicht bis über die Firsthöhe des Daches, doch dann beginnt der Übergang zur oktogonalen Form und damit die Loslösung vom Irdischen. Und in der hohen, achteckigen Glockenstube hing bis 1945 die alte Pummerin. Gleich einem Teleskop, das sich zusammenschieben lässt, sind die einzelnen Teile des Turmes übereinandergelegt, ineinandergeschoben. Und in der Turmspitze sind Viereck und Achteck zur Einheit zusammengefügt. Ursprünglich war die Turmspitze mit einer achtstrahligen Sonne bzw. einem achtstrahligen Stern und einer Mondsichel gekrönt.

Der Teufel, in selber Höhe, mit menschlicher Beute

Am „Steffl" in 80 m Höhe eines der 12 Tierkreiszeichen, der Stier

Genesis 1,14: Dann sprach Gott: Lichter sollen am Himmelsgewölbe sein, um Tag und Nacht zu scheiden. Sie sollen Zeichen sein und zu Bestimmung von Festzeiten, von Tagen und Jahren dienen...

Gott sah, dass es gut war. Es wurde Abend und es wurde Morgen: vierter Tag. Und so entstand durch Gottes Wort die Sonne, die Beherrscherin des Tages. Die kosmische Sonne wird zur Metapher der göttlichen Sonne, und bei Jesaja (60,20) heißt es:

„Nimmer geht deine Sonne dir unter, nicht wird der Mond dir entschwinden, denn der Herr dient dir zum ewigen Licht."

Der Mond ist der Beherrscher der Nacht. In frühchristlicher Zeit werden Sonne und Mond zu Trägern und Bildern eines großen Mysteriums.
Theophilus von Antiochien schrieb in diesem Zusammenhang: *„Die Sonne nämlich ist das Bild Gottes, der Mond das Bild des Menschen"*. Und Bischof Zeno von Verona meinte über den Mond: *„Auch ist er in seinen einzelnen Phasen ein Zeichen der Auferstehung..."*

Seit 1687 befinden sich jedoch der Kaiseradler des Hauses Habsburg und das Doppelkreuz als weltliche und geistliche Symbole in der luftigen Höhe des Steffls. Kurz vorher konnte nämlich die zweite Türkenbelagerung abgewehrt werden, und da der Halbmond auch ein Glaubenszeichen des Islams ist, wurde er, gemeinsam mit der Sonne, der Turmspitze verwiesen. Und doch sind die Kirchtürme, die Minarette und andere hochaufragende sakrale Objekte Ausdruck der Sehnsucht nach dem Göttlichen und dem Himmlischen.

(Nie werde ich eine Nacht am Nil vergessen. Das Schiff fuhr ganz langsam mit der Strömung, und es erklang der Ruf eines Muezzins vom Ufer her. Andere Rufe und Gesänge setzen ein. Das Land am Ufer des Stromes war durchdrungen von sonoren Lobpreisungen an den Schöpfer. Darüber wölbte sich ein unendlicher, flimmernder Sternenhimmel in der dunklen, einnehmenden Wärme der Nacht ...)

2.2. Das Geheimnis der Zahlen und Maße

„Du aber hast alles nach Maß, Zahl und Gewicht geordnet"
(Weis 11,20)

Die Symbolik der Zahlen hat eine eigenartige Logik. Diese Symbolik kann von verschiedenen Blickwinkeln her betrachtet werden. So gibt es neben dem Zahlenwert den Gefühlswert, durch den die Zahlen Ausstrahlungskraft und Eigenleben besitzen. Sie drücken mit ihrem Wert Verhältnisse aus, sie ordnen unser Leben. Proportionen werden dargestellt, Beziehungen zueinander, und Rhythmen und Perioden werden gebildet. Alles was gezählt und geordnet wird, ist konturierter, schärfer als das Ungefähre. Oft ist das, was wir als schön empfinden, von seinen Proportionen, und seinen Maßen bestimmt. Bestimmte, oft immerwiederkehrende Zahlen kommen in den Proportionen der Kirchen vor. Verweilen wir daher noch etwas beim hohen Südturm. Hier kommen die Zahlen vier und acht in der Konstruktion vor.

Die Zahl Vier: Sie ist eine irdische Zahl, ein Kennzeichen der Welt. Es gibt die vier Elemente aus denen die Welt besteht, und aus den vier Himmelsrichtungen wehen die vier Winde. Die vier Jahreszeiten wechseln sich ab, und die vier Temperamente sorgen für Abwechslung in den zwischenmenschlichen Beziehungen.

Das Quadrat wiederum ist der Inbegriff einer stabilen Ordnung, deshalb stellen wir unsere Häuser oder Türme gerne auf quadratische oder rechteckige Grundrisse. Auch in der Bibel ist die Vier bedeutungsvoll: Eden muss man sich viereckig vorstellen, in seiner Mitte entspringt ein Fluss, der in vier Richtungen fließt. Er ist auch die Grundfigur für das ursprüngliche Thau der Hebräer. Zur Zeit des Alten Testamentes durfte der Gottesname Jahwe nicht ausgesprochen werden, er wurde aber mit vier Buchstaben aufgeschrieben und brachte so eine besondere Heiligkeit zum Ausdruck. Das Erlösungszeichen der Christen ist das Kreuz, dessen Enden in vier Richtungen weisen und den Kreis der ewigen Bewegung in vier Segmente schneiden.

Die Zahl Acht: Die Acht strahlt – ähnlich der Vier – Ruhe aus, sie ist harmonisch und ohne besondere Dynamik. Die Acht gilt als Zeichen für die Ewigkeit, für die Vollendung, für das Vollkommene. Es ist die „heilige Acht", die Ogdoas.
Die Bibel sieht in der Acht einen Neuanfang mit dem Ewigen, Unzerstörbaren als Ziel: Acht Menschen überlebten die Sintflut, und die Juden beschneiden ihre Söhne am achten Tag für den Gottesbund. Jesus sprach acht Seligpreisungen aus, und am ersten Tag der Woche fand seine Auferstehung statt. Man bezeichnete diesen Tag der Auferstehung ebenso als achten Tag. Denn es ging etwas zu Ende und etwas Neues, eine Ära der Hoffnung und Zuversicht begann. Aus einer Durchdringung von zwei Quadraten wurde in der altchristlichen Kirche ein Symbol der Auferstehung. Daher erhielten die meisten Taufkapellen, oft auch die Taufbecken, eine oktogonale Form. Durch die Taufe wird der Täufling neu geboren. Er hat nun Anteil am Leben des Auferstandenen.

Und so wurde für die Menschen Mächtiges und Symbolträchtiges achteckig geformt. Zum Beispiel die Reichskrone, mit der die deutschen Kaiser gekrönt wurden. Oder die Pfalz Kaiser Karls des Großen in Aachen, wo das Oktogon als imperiale sinnbildhafte Repräsentationsform mit hohem Anspruch verwendet wurde. Aber auch die Friedhofskapellen wurden häufig achteckig gebaut, denn wer die sieben Tage seines Lebens hinter sich gebracht hat, hat nun den achten, den unendlichen Tag, vor sich – hoffentlich!

Die liegende Acht ist in der Mathematik das Zeichen für die Unendlichkeit. Die Doppelschleife hat zwei Pole, und diese Lemniskate, so die griechische Bezeichnung dafür, zeigt nun eine schwingende Bewegung mit einer eigenen Dynamik. Sie kann als eine sehr starke, intensive, ausgleichende Kraft gemutet werden.

Spielen wir zum Abschluss noch ein bisschen mit Zahlen und Buchstaben. Buchstaben haben entsprechende Zahlenwerte. Schreibt man den Namen Jesus in griechischer Sprache und addiert dann die entsprechenden Zahlenwerte, so erhält man ein überraschendes Ergebnis:

die Zahl **achthundertachtundachtzig**!

I	=	10 (Iota)	Jesus	I
H	=	8 (Eta)		
E	=	200 (Sigma)	Christus	E
O	=	70 (Omikron)	Gottes	O
Y	=	400 (Ypsilon)	Sohn	U
E	=	200 (Sigma)	Retter	A
IHEOYE		888		

Die Zahl Acht gilt als eine Zahl der Freude und des Glücks, des Neubeginns und der Auferstehung, des ewigen Lebens, und so ergibt diese dreifache Acht eine dreifache Steigerung des Wunderbaren.

Die Schlüsselzahl 37: Entdeckt wurde diese merkwürdige Zahl bei den Vermessungen der Konstruktionsmaße von St. Stephan. Die Proportionen der Kirche wurden in alte Maßeinheiten übertragen, in die alten Wiener Klafter, die wiederum in Wiener Fuß unterteilt wurden. 6 Klafter entsprachen 37 Wiener Fuß zu je 308,1 mm.

Die Umrechnung der Maße von St. Stephan erbrachte überraschende Zahlenverhältnisse:

Die Breite des Langhauses beträgt:	3 x 37 Fuß	=	111 Fuß
die Breite des Langhaus mit den beiden turmtragenden Teilen umfasst:	2 x 3 x 37 Fuß	=	222 Fuß
Die Länge der Kirche bilden:	3 x 3 x 37 Fuß	=	333 Fuß
Die Höhe des Turmes misst:	4 x 3 x 37 Fuß	=	444 Fuß

Diese Hervorhebung der Zahl 37 ist auch bei anderen Bauteilen von St. Stephan erkannt worden. Warum hat man mit dieser Zahl gearbeitet? – Sehen wir uns zur Beantwortung dieser Frage ihre Zusammensetzung an. Sie besteht aus den Ziffern 3 und 7.

Die Zahl Drei ist eine heilige Zahl. In ihr wird die Entzweiung überwunden. Die Drei ist ein symbolischer Hinweis auf die Einheit der Familie: Vater, Mutter, und Kind. Viele Völker haben ihre Göttertriaden, zum Beispiel das alte Ägypten: Osiris – Isis – Horus. Dreifaltig und doch unteilbar ist der eine „dreimal heilige" Gott. „Alle guten Dinge sind drei!", so sagt es der Volksmund. Die Dreizahl ist ein Hinweis auf die göttliche Trinität, und durch die Anrufung der drei göttlichen Namen wird dem Anrufenden der göttliche Segen zuteil. Aber auch das Böse kennt die Zahl drei. Im Faust II beschreibt Goethe eine solche Trinität: Krieg, Handel und Piraterie. Dreieinig sind sie, nicht zu trennen.

Die Zahl Sieben: In der Summe von Drei und Vier verbinden sich Himmel und Erde und Gott und die Menschen. Sieben wurde zur Zahl der Fülle und zur strukturgebenden Zahl: Am siebten Tag wurde die Schöpfung vollendet, sieben Tage hat die Woche, es gibt sieben Seligpreisungen und sieben Sakramente. Sieben Bitten

umfasst das Vaterunser. Bei der Zahl Sieben geht es um das Heil der Welt und der Menschen, um das Himmlische auf Erden in der Kirche und durch die Kirche. Doch auch hier gibt es die schlimmen und gefährlichen Sieben: Maria Magdalena wurden sieben Dämonen ausgetrieben, der apokalyptische Drache hat sieben Köpfe und verführt die Völker. Sieben Todsünden bedrohen uns. Und so offenbart auch das Dämonische, die dunkle Unterwelt, auch in der 7 ihre Grundstrukturen – auch in der Kirche.
Die Ziffernsumme von 37 ist 10, was eine Ziffernsumme von 1 bedeutet. Die Zahl Eins ist der Ursprung alles Seienden. En Sof, der Urgrund, das Nichtfassbare und auch Verborgene, – so heißt es in der Zahlenmystik der Kabbala. Eins ist die göttliche Einheit und Ganzheit.

So viele Menschen – ein Vater
So viel Glaube – ein Gott

Am Schluss unserer Überlegungen zur Zahlensymbolik stehe eine kurze Zusammenfassung:

Es ist das göttliche absolute Eine durch die
Zahl **EINS** vergegenwärtigt,
die vielschichtige Trinität durch die **DREI**,
der irdische Bauplan in der **VIER**,
die Synthese zwischen Gott und den Menschen
durch die **SIEBEN** und
der Übergang in die Ewigkeit mit der **ACHT**.

3. Kleine Zeittafel zur Baugeschichte von St. Stephan

Die Grundsteinlegung für den Bau der Kirche fand im Jahr 1137 statt. Damals regierte Markgraf Leopold IV., aus dem Geschlecht der Babenberger. Die Stadt Wien stand in geistlichen Angelegenheiten unter der Obhut der Passauer Diözese. St. Stephan lag zur Zeit seiner Gründung außerhalb der mittelalterlichen Stadt, die damals noch mit den Mauerresten des ehemaligen römischen Militärlagers umgeben war. Die dreischiffige romanische Basilika wurde in der Nähe der Süd-Ost-Ecke der römischen Lagermauer errichtet. Man weiß, dass die Römer ihre Toten außerhalb der Lagermauern beisetzten, und so wird eine römische Grabstätte oder ein römischer Kultplatz auf dem Baugrund von St. Stephan in Erwägung gezogen. Jedenfalls wurden römische Grabsteine beim Bau des romanischen Westwerkes von St. Stephan verwendet. In der Spätromanik, ab dem Jahr 1230, erfolgte ein Neubau der Kirche. Dieser Neubau ging auf die ehrgeizigen Pläne zurück, die Kirche zum Bischofssitz erheben zu wollen. Für den Neubau wurden die Mauern der alten Kirche aus dem 12. Jahrhundert größtenteils abgetragen und die Fundamente weiterverwendet. Auch dieses Gotteshaus hatte eine basilikale Form und konnte bereits 1263 geweiht werden. Die Westfassade mit dem Riesentor, die beiden Heidentürme und die Westempore im Inneren sind uns von dieser zweiten Kirche erhalten geblieben.

Schon 41 Jahre nach der Weihe der zweiten Kirche wurde wieder ein Neubau begonnen. Allerdings ging man nun anders vor. Es sollten die Gottesdienste weiter im Kirchenschiff zelebriert werden können, und so begann man die romanische Kirche unter Einbeziehung des Westwerkes zu ummanteln. Da ein Kirchenbau immer im Osten seinen Anfang nimmt, wurde die neue Hallenchoranlage („Albertinischer Chor") zuerst gebaut. Sie konnte bereits 1340 fertiggestellt werden. 1359 legte Herzog Rudolf IV. aus dem Hause Habsburg den Grundstein für den in den nächsten Jahrzehnten ausgeführten gotischen Erweiterungsbau der Kirche. Im Zuge dieser Erweiterung ging man auch in die Tiefe: 1363 erfolgte die Errichtung der ältesten Gruftanlage, die in späterer Zeit immer wieder erweitert wurde. Wie Schalen wuchsen inzwischen die seitlichen Langhauswände immer höher und höher, bis sie die endgültige Höhe erreicht hatten und das Kranzgesims herumgelegt werden konnte. Das vollzog sich im Jahre 1440, in dem auch der Dachstuhl aus Lärchenholz gezimmert wurde. Noch vor 1474 konnte das Dach vollendet werden. Schon 1433 war auch der Südturm, der „steinerne Schrei zu Gott" vollendet werden! Er sollte auch ein Pendant bekommen: 1450 begann deshalb die Planung und der Baubeginn des Nordturmes. Es wird aus diesem Jahr überliefert, dass der Wein so sauer war, dass man ihn zum Ablöschen des Kalks verwendete.
Aus finanziellen Gründen musste 1511 der Turmbau eingestellt werden. Es war die Zeit der Türkenkriege, der Religionswirren, der großen Entdeckungen und der sozialen Spannungen. Der beflügelnde Glaube der letzten drei Jahrhunderte, der die Kathedralen in den Himmel wachsen ließ, entflammte nicht mehr die Herzen und konnte die Seelen nicht mehr erheben. Es ging vielmehr um das eigene Leben. Im 17. Jahrhundert begann die barocke Ausgestaltung der Kirche, in dieser Zeit wurden die Pfeileraltäre errichtet. Mit der Erhebung Wiens zur Erzdiözese im Jahre 1723 wurde St. Stephan zur Metropolitankirche erklärt. Eine Statistik über den Alltag des Kirchenlebens im Jahr 1732 berichtet, dass zu dieser Zeit täglich im Durchschnitt 150 Messen und mindestens ein Pontifikalamt gefeiert wurden. 1 095 Rosenkränze wurden in diesem Jahr laut gebetet und 129 000 Gläubige gingen in St. Stephan zur Beichte.

St. Stephan wurde so über die Jahrhunderte zum repräsentativen, machtvollen, geistig-religiösen Zentrum der wachsenden Stadt.
(1997 wurden Restaurierungsarbeiten beim Riesentor durchgeführt. Unter dem Portal fand man Gräber, die in die Zeit vor 1147 zurückzudatieren sind. Möglicherweise stieß man hier auf einen christlichen Friedhof-, ein Bestatteter hatte einen Rosenkranz um die Hände geschlungen, der einen bisher nicht bekannten älteren, kleineren Kirchenbau umgab. Weitere Ausgrabungen im Kircheninneren erfolgen seit dem Jahr 2000, und auch da wurden Mauerzüge freigelegt, deren Datierung auf das 8., 9. und 10. Jahrhundert zurückführt, ebenso Steinsärge aus dem 5. und 6. Jahrhundert.)

3.1. Die astronomische Orientierung von St. Stephan

Für die frühen Menschen waren bei der Orientierung im Raum die durch den Sonnenlauf festgelegten Himmelsrichtungen von besonderer Bedeutung. Im Osten geht die Licht, Wärme und Leben bringende Sonne auf, was zur Ostung von Kultbauten und Gräbern führte. Aus der Antike wurde vom frühen Christentum der Brauch übernommen, sich beim Gebet der aufsteigenden Sonne (=Christus) zuzuwenden. In der Hinwendung nach Osten beteten die Christen und so bauten sie auch ihre Kirchen. Denn das Licht der aufgehenden Sonne konnte so an jedem Morgen als Sinnbild des Auferstandenen in den Chorraum der Kirche fallen. Manche Kirchen sind nach dem Aufgangspunkt, den die Sonne bei der Grundsteinlegung am Kalendertag dem Namenstag des Kirchenheiligen hatte, orientiert, denn man glaubte, dass die Induktionskraft der Sonne an diesem Morgen besonders stark sei. So versammelten sich am Vorabend die Geistlichen und die Bauleute und verbrachten die Nacht mit frommen Übungen. Die Stelle für den Altar wurde mit einem Baustab markiert. Das war der „heilige Punkt". Gab es einen früheren Kultplatz, dann schlug man auf diesem den Baustab in die Erde. Am nächsten Morgen begann man den Sonnenaufgang genau zu beobachten. War die Sonne ganz zu sehen, wurde ein Fluchtstab in der Linie zwischen Sonne und künftigem Altarplatz gelegt. Damit war die Orientierungslinie festgelegt. Wichtig war für diese Tätigkeit gutes Wetter und schnelles Arbeiten. Der Schatten des Baustabes aber, der durch den Sonnenaufgang entstand, wurde als Kathedralenelle markiert, deren Länge aufgrund des Breitengrades wechseln konnte. Verschiedene Maße des künftigen Bauwerkes konnten von dieser Kathedralenelle abgeleitet werden. Es gelang nun Wiener Astronomen nachzuweisen, dass die Achse von St. Stephan um 34 ° 41 35 von Osten nach Süden abweicht. Somit ist die ursprünglich romanische Kirche zum Aufgangspunkt der Sonne am Stephanitag (26. Dezember) 1137 nach dem damaligen julianischen Kalender orientiert. (Im gregorianischen Kalender entspricht dieses Datum dem 2. Jänner des darauffolgenden Jahres.) Aufgrund der Nähe dieses Datums zur Wintersonnenwende wird hie und da vermutet, der Dom sei im Sonnenaufgangswinkel der Wintersonnenwende orientiert, jedoch ist selbst unter Berücksichtigung verschiedener Fehler diese Interpretation der Ausrichtung nicht treffend.

Neben dem Stephansdom wurde in Wien auch die Virgilkapelle astronomisch vermessen. Auf die Ergebnisse dieser Messung werden wir noch bei der Besprechung der Virgilkapelle zurückkommen.

4. Unser Rundgang beginnt: die romanische Fassade oder der Kampf zwischen Gut und Böse

Der romanische Kirchenbau, wuchtig, trotzend und massiv, stellt sich als Burg Gottes auf Erden und als Schutzwall des Volkes vor den sichtbaren und unsichtbar drohenden Gefahren dar. Aus dem Westen kommt das Böse, meinte man im Mittelalter. Dort lauert der Teufel und seine Dämonen, denn dort versinkt die Sonne und dort steigt die Finsternis auf. Dementsprechend glaubte man, dass die Kirche zuerst aus dieser Richtung von den Mächten der Dunkelheit angegriffen würde, sodass Abwehrmaßnahmen notwendig waren. Apotropaion (griech.) hieß schon in der Antike ein Zaubermittel, mit dessen Hilfe sich die Menschen vor dem Bösen zu schützen versuchten. Durch Darstellungen von dämonischen Tieren, Mischwesen und Bestien sollten die herankommenden besitzergreifenden bösen Geister und Dämonen abgeschreckt, abgelenkt, gebannt oder beruhigt werden. So wirken diese apotropäischen Figuren ähnlich wie das Böse, welches die Kirche in Besitz nehmen will. Es wurde das Böse mit Schwingungen, die ihm ähnelten, neutralisiert. Wenn Sie vor der Westfassade stehen und Ihren Blick wandern lassen, dann werden Ihnen die rätselhaften Darstellungen der Chimären, der Mischwesen, auffallen. Eine Trennung zwischen Gut und Böse ist an diesen Wesen nicht deutlich erkennbar, und Ihr Geist und ihre Phantasie werden aufgefordert, sich mit diesen Darstellungen zu beschäftigen.

Wir möchten Ihnen dazu einige Hinweise geben:

✦ Über dem hohen Spitzbogenfenster in der Mitte der Fassade sind drei Heiligenfiguren zu sehen, welche die himmlische Sphäre repräsentieren. In der Mitte der Erzmärtyrer Stephanus, an seiner rechten Seite der heilige Laurentius und links der Engelsfürst Michael, der Luzifer mit seiner Lanze zu Boden drückt. Michael blickt warnend nach Westen, dorthin wo die Sonne untergeht und wo nach altem Glauben das Böse lacht.

✦ Senken Sie ein wenig Ihren Blick bis zum Beginn des großen Fensters. Rechts und links davon sind runde Uhren zu erkennen. Darunter enden Lisenen (Rundstäbe), auf denen menschliche Geschlechtsorgane liegen. Diese sexuellen Symbole wurden als Fruchtbarkeitszeichen zu Trägern besonderer Abwehrkraft.

✦ Am Vorbau des Riesentores sind laufende Löwen, ein Greif, der ein Tier schlägt, Samson, der den Löwen bezwingt und ein Mensch, der in richterlicher Pose sitzt, zu erkennen. Böses wird hier niedergehalten, Magisches gebannt und Recht verkündet.

✦ Über dem Eckstein des Portalvorbaues sind die Ellenmaße eingemauert. Gott selbst setzte den Eckstein der Erde. Er „gründete" sie, d.h., er legte ihren Grundstein – und spannte über ihr die Messschnur (Ijob 38,3 ff). Wer auf diesem Grundstein aufbaut, „wer auf ihn vertraut, der wanket nicht" (Jes 28,16). Der Eckstein, der Grundstein, ist ein Symbol Christi. Bevor beim Bau einer neuen Kirche der Grundstein in die mit Weihwasser besprengte Grube versenkt wird, zeichnet der Bischof ein Kreuz auf ihn.

✦ Die in das Mauerwerk eingefügten Eisenstangen waren amtliche Längenmaße für die Eichung der hölzernen Maße der Tuchhändler, an denen man früher die Länge der eingekauften Kleiderstoffe überprüfen konnte (große und kleine Wiener Tuchelle).

✦ Die Schwelle zur Kirche ist das Riesentor: Christus thront in seiner Mitte als Weltenrichter, das Portal ist auf ihn ausgerichtet. Umgeben ist er von seinen Aposteln und von den zwei Evangelisten Markus und Lukas, die nicht zu den Aposteln gezählt werden. Unter dieser weltlichen Zone befindet sich ein Fries, der den Kampf zwischen Gut und Böse zur Darstellung bringt.

Doch wir verlassen nun die Welt der Dämonie und des Kampfes und betreten das Kirchenschiff, welches uns Geborgenheit im „Meer der Zeit" schenken kann.

5. Plätze der Kraft in St. Stephan

Die Gegenwart Gottes ist für uns Menschen nicht abrufbar, nicht verfügbar. Es bedarf keiner menschlichen sakralen Stätten, um Gottnähe zu erfahren, denn sie ist ein Geschenk. Sie wurde uns (Christen) sogar zugesagt, immer dann, wenn sich mehrere Gläubige im Namen Christi zusammenfinden. Wenn wir auf Gott ausgerichtet sind, werden wir ihm jedoch nirgendwo näher sein als in seinem Haus.

Der Kirchenraum, die Synagoge, der Tempel als Verweil- und Versammlungsorte schaffen mit ihren Symbolen, Zeichen und Gerätschaften eine Atmosphäre, die uns für Begegnungen sensibilisieren.

Zu den Mutungen im Allgemeinen:
Die Ergebnisse, die wir Ihnen anbieten, wurden immer von mehreren Geomanten (männlich und weiblich) festgestellt und überprüft. Unsere arbeitsreichen Besuche wurden immer angekündigt, und oft wurden die Tore, sogar zu später Stunde, mehrmals für uns geöffnet. Wir durften zu allen Plätzen, – nirgendwo und niemals wurde uns etwas verwehrt. Und wir haben uns mit Ehrfurcht, Demut und Freude, aber auch Neugierde an die Arbeit gemacht!

Hin und wieder werden wir bei Plätzen, Bildern und anderen Darstellungen bestimmte Chakren des menschlichen Körpers erwähnen. Sieben Hauptchakren sind bekannt und jedes Chakra stellt unter vielen anderen Aspekten auch eine bestimmte Schichte oder Ebene der menschlichen Persönlichkeit dar. So entspricht z.B. dem Wurzel-Chakra die Macht, dem Sexual-Chakra die Sexualität, dem Nabel-Chakra wird die Aggression zugeordnet, dem Herz-Chakra überträgt man die Gefühle und dem Hals-Chakra die Kommunikation. Dem Stirn-Chakra (Drittes Auge) wird der Intellekt und das Bewusstsein und dem letzten Chakra, es ist das Kronen-Chakra, wird der Geist (des vollentwickelten Individuums) zugeordnet.

Auf Plätzen der Kraft, durch Darstellungen, durch Bewegungen, durch Singen, durch Musik hören etc. können die Chakren anregt und vielleicht Blockaden aufgelöst werden. Sehr hilfreich kann dabei eine zuvor eingeschobene Meditation sein. Sie hilft Ihnen, sich von störenden Gedanken zu befreien und schenkt Ihnen eine innere Wachsamkeit und ein verbessertes, tieferes Bewusstsein. Wenden wir uns aber nun endgültig unserem eigentlichen Thema zu und suchen wir die kraftvollen Orte im Dom auf.

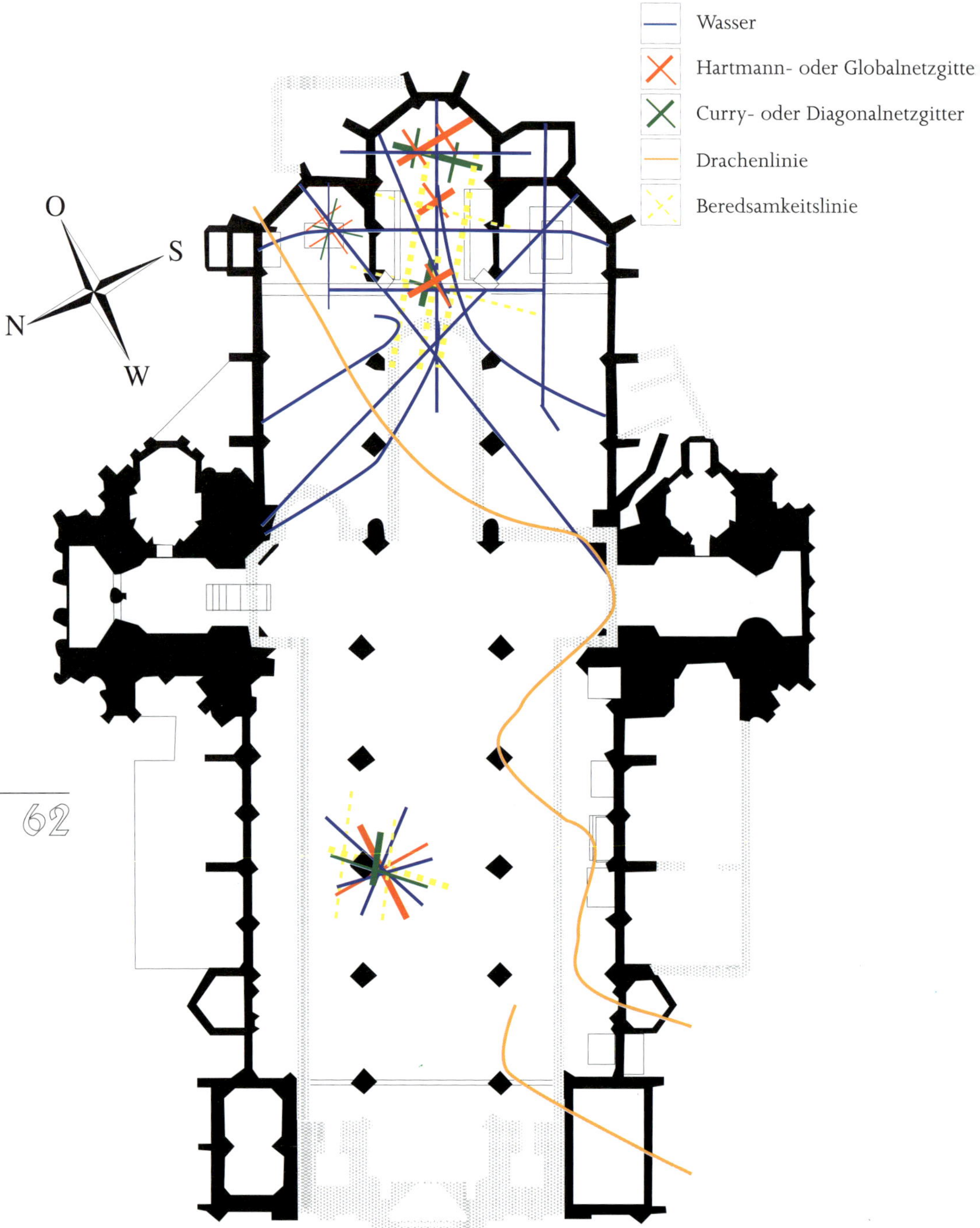
Wasser
Hartmann- oder Globalnetzgitte
Curry- oder Diagonalnetzgitter
Drachenlinie
Beredsamkeitslinie
O
S
N
W

6. Die Eligiuskapelle

Sie liegt an der südwestlichen Seite, und zwar gleich nach dem Betreten der Kirche durch das Riesentor in der inneren rechten Ecke. Es ist eine gotische Kapelle, die auf die Mitte des 14. Jahrhunderts zurückgeht. „Only for prayers“ ist an der schweren Doppeltüre zu lesen. Und schon beim Betreten ist eine verinnerlichte, einladende, kontemplative Stille spürbar. Vorne steht der spätgotische Valentinsaltar mit den Darstellungen des hl. Valentin, der hl. Ottilie und der hl. Ursula. Davor die zur Verehrung ausgesetzte konsekrierte Hostie. Sie gilt als ein sichtbares Zeichen des unsichtbaren Urhebers der Liebe und der Gnade. Die Monstranz mit der geweihten Hostie ist schützend von einem kleinen, goldenen, durchbrochenen Schrankaufbau mit drei nicht ganz vollendeten Achterschleifen umgeben. Auch hier haben wir den Hinweis auf die göttliche Acht. In diesem Raum ist Christus gegenwärtig. Sein Sein, seine bejahende, seine leise auffordernde Energie ist erahnbar. Ich möchte diese Energie als „Christusenergie“ bezeichnen. Die Qualität dieses Raumes entspricht ihm: Sie ist an- und aufnehmend, und ermöglicht eine tiefe geistige Konzentration und Versenkung. Eine Zentriertheit auf sich selbst, auf die eigene Mitte entsteht. Bitten für andere werden formuliert, Bedenken und Sorgen lösen sich auf, Trost und Hoffnung werden mitgegeben. Die verschiedensten Chakren können hier eine Belebung empfangen. Es gibt hier keine Zuordnung zu einem bestimmten Chakra. Die „Christusenergie“ fließt dorthin, wo sie gebraucht wird! In dieser „Einkehr-Kapelle“ spüren wir, wenn wir bereit sind, dass Christus da ist. Auf der rechten Seite steht die Hausmuttergottes. Sie wirkt sehr naturnah, ein bisschen streng, aber auch verständnisvoll und blickt mütterlich auf uns herab. Es gibt an ihr eine kleine Ausnehmung für Reliquien. Vertrauensvoll fühlt man sich menschlich mit ihr verbunden. Maria mit ihrem Sohn Jesus Christus als Schmerzensmann, diese beiden Darstellungen sind im Gewölbe auf den Schlusssteinen zu sehen. So kommt zur Christusenergie eine weibliche und mütterliche Ausstrahlung hinzu. Wir haben hier eine Drachen- oder Michaelslinie gemutet (siehe Kapitel VII, 2.3). Sie verläuft durch die Querseite der Kapelle. Im Raum darüber, es ist die Bartholomäuskapelle, ist der Erzengel Michael als Seelenwäger und an der Außenfassade als Drachentöter dargestellt. Diese Drachen- oder Michaelslinie ist auf dem Plan in der Farbe Orange eingezeichnet. In dieser mystischen, kleinen, fast privat wirkenden Kapelle ist die Intensität der Liebe und der stillen Zentriertheit sehr hoch. Die anregende Wirkung der Drachenlinie kommt noch dazu. Auch Zen-Buddhisten finden sich hier für ihre Meditationen ein.

7. Gnadenbild „Máriapócs´“

Unter dem Südwestbaldachin, gleich nach der Eligius-Kapelle an der rechten Seite, ist eine gekrönte Maria mit dem Gotteskind zu sehen. Vom Typus her ist es eine Hodegetria. Das Urbild im Kloster Hodegon zeigt Maria mit Jesus auf dem linken Arm. Es ist eine ungarische bäuerliche Nachbildung, auf Ahornholz gemalt. 1696 bemerkte man Tränen, die aus den Augen Mariens flossen. Die Kunde von diesem Tränenwunder ist bis heute erhalten geblieben. Die Nachricht davon verbreitete sich sehr rasch. Kaiser Leopold I., auch König von Ungarn, ordnete die Überführung der Ikone 1697 nach Wien an. Seit dieser Zeit ist das Gnadenbild „Máriapócs“ in St. Stephan und wird hier von den Wienern und Wienerinnen sehr verehrt. Nehmen Sie Platz, hier ist ein Ort der Gnade und der ruhigen Kraft. Die energetische Kraft ist eine mütterlich-führende, hinweisende Herzensenergie und für alle zuträglich. Vertrauen gegen Liebe und geschwisterliche Menschlichkeit. Fast immer sitzen Besucher hier. Je öfter Sie solche Begegnungen herbeiführen, umso offener, wacher und empfänglicher werden Sie für die Gnade. Verlassen wir nun die zärtliche und beruhigende Maria Pötsch und wenden uns der Südseite zu. Schräg vis à vis unter der Empore ist das Bildnis der hl. Theresia von Lisieux zu sehen. „Alles ist Gnade“, sprach sie. Schwerkrank starb sie 1897 als Vierundzwanzigjährige in ihrem Kloster. Quillt sie nicht über voll der Liebe, und ist da nicht ein Quentchen Humor in ihren Augen zu sehen? Keine Beine, keine Füße sind da, doch die braucht sie nicht. Ihre Liebe trägt sie leichtfüßig über alles hinweg.

8. Herz-Jesu-Altar

Das Herz-Jesu-Altarbild aus dem achtzehnten Jahrhundert mit seinen langen, goldenen, ungebrochenen Strahlen finden Sie unter dem Nordwestbaldachin. Strahlend ist ebenso das Herz Christi mit dem nach oben züngelndem Feuer und der Heiligenschein dargestellt.

Sehen Sie viele Leute hier? Wahrscheinlich nicht. Manchmal sitzen Betende hier, doch selten verweilen sie so lange wie die beim Gnadenbild der Maria Pötsch. Mit geneigtem Kopf über den Stadtführer sitzt des öfteren ein Tourist hier.

Warum ist dieser Altar weniger frequentiert? Es gibt hier eine energetische Kraft, die auf die zwei mittleren und auf ein oberes Chakra wirkt, nämlich auf das Herz-, das Hals- und das Stirn-Chakra. Durch das Herz-Chakra wird unter anderem das Mitgefühl, die Barmherzigkeit angesprochen. Das Herz-Jesu-Bild hat eine ausgleichende Wirkung zu den oberen Chakren. „Nicht zu sehr aus dem Kopf zu leben“ ist die Botschaft, die wir von hier mitnehmen können. Immer wiederholte Gebete, zum Beispiel die Rosenkranzgebete, sind Übungen für das Herz-Chakra, sie werden im Herzen fixiert und wirken wie ein Mantra. Die Sonne wird diesem Chakra zugeordnet. Eine Etage höher befindet sich das Hals-Chakra, die Überleitung vom Herzen zum Kopf. Emotionale Energie soll hier freigesetzt werden, unter anderem durch die wahrhafte, authentische Rede. Der Kontakt zur „inneren Stimme“, zum inneren Ratgeber wird durch dieses geför-

dert. Durch ein so gewonnenes Urvertrauen stellt sich eine Kraft „zum Loslassen“ und eine wunderbare Gelassenheit ein. Ganz nebenbei entwickelt sich so ein heiteres Wesen. Das Stirn-Chakra oder das „dritte Auge“ vermittelt uns die Botschaft, dass wir intuitive Einsichten anerkennen sollen.
Die energetische Kraft des Bildes ist anspruchsvoll: Klarheit des Bewusstseins kombiniert mit Herzensgüte-daher ist dieser Ort kein „bequemer“ Verweilplatz.

9. Die verlorene „nüchterne Trunkenheit der Rede“ – die Kanzel von St. Stephan

Wie schade, dass man von den Predigtstühlen nicht mehr das Wort an die Gläubigen richtet. Verwaist stehen sie an ihren Plätzen, denn seit dem letzten Vatikanischen Konzil (1962-1965) benützt man sie nicht mehr. Die göttliche Inspiration konnte durch eine dynamische, kraftvolle Beredsamkeit den Gottesdienstbesuchern entgegenschallen, konnte sie aufrütteln, konnte sie einlullen, konnte sie trösten. Unterstützt wurden die Worte des Priesters durch den Standort der Kanzel. Hier an der Kanzel begannen unsere Arbeiten mit Rute und Pendel, die uns zu folgenden Ergebnissen führten. *Der Kanzelkorb steht exakt auf zwei sich kreuzenden Wasseradern, daneben verläuft eine dritte in Nord-Süd-Richtung.*
Sie können die unterirdischen Wasserläufe auf unseren Plänen in der Farbe Blau erkennen. Grün sind die Curry-Linien (Diagonalnetzgitter) eingezeichnet, von denen sich zwei hier kreuzen. In roter Farbe sind die Hartmann-Linien wiedergegeben. Eine Kreuzung dieser Linien ist auch an diesem „Platz des Wortes und der Segnung“ zu finden. *Zwei Kreuzungen von „Beredsamkeitslinien“, die auch „linea sancta“ genannt werden, umgeben die Kanzel. Es sind die „Verbindungslinien“ zur göttlichen Inspiration und Energie des Heiligen Geistes, der die Zungen beflügelt und sie nüchtern trunken macht.* Die Kanzeln, diese beredten Orte der intensiven göttlichen Vitalität werden größtenteils nicht mehr verwendet, und manchmal meine ich ihn verloren, jenen trunkenmachenden, lebendigen Lebenshauch des priesterlichen Wortes. Der Verlauf der Beredsamkeitslinien bei der Kanzel von St. Stephan ist auf der Skizze strichliert und in der Farbe Gelb eingezeichnet.

Die neuesten Forschungen ergaben, dass die Kanzel bereits aus dem späten 15. Jahrhundert stammt. Spätestens um 1480 wurde dieses Meisterwerk von einem unbekannten Meister geschaffen. Am Kanzelkorb blicken uns die vier lateinischen Kirchenväter sehr menschlich entgegen. Von rechts nach links sind der hl. Ambrosius, der hl. Hieronymus, der hl. Gregorius und zuletzt der hl. Augustinus dargestellt. Lassen Sie sich hier die halbkreisformige Treppe nicht entgehen. Das Geländer setzt sich aus Rädern zusammen, deren Speichen drei- und vierpässige Fischblasenmotive bilden. Die dreipässigen Räder – sie symbolisieren die Hl. Dreifaltigkeit – rollen hinauf, das Irdische – dargestellt durch die vierpässigen Räder – rollt hinunter.
Am Handlauf kreuchen und fleuchen Schlangen, Feuersalamander und Frösche als Sinnbilder des Bösen zum Platz des Priesters. Doch ganz oben, welch ein Glück, wacht ein bellendes Hündchen und hält das Böse auf Distanz. Bestieg nun in früherer Zeit der Kleriker seinen Predigtstuhl, dann berührte seine linke Hand die-

ses Getier. Und dadurch sollte ihm bewusst werden, dass er mit dem Bösen konfrontiert wird und dass Wachsamkeit und eigene Überprüfung immer vonnöten sind. Das Chakra der linken Hand hat eine einsaugende Wirkung, die rechte Hand dagegen eine ausstrahlende Tendenz. Hier ist wohl das ewige irdische Ringen zwischen Recht und Unrecht angedeutet.

10. Die schöne Madonna

Sie steht an der Ecke des südlichen Querschiffes, dort, wo der Apostelchor beginnt. Ihr Name wird durch eine Wiener Sage gedeutet: Einst lebte eine reiche, aber hartherzige Gräfin in der Stadt. Erschüttert stellte sie eines Tages fest, dass ihr Schmuck gestohlen worden war, und sie verdächtige sogleich ihre Dienstmagd der Tat. Das unschuldige Mädchen betete in seiner Not in der Kapelle ihrer Herrin zu dieser Madonna. Ihr Flehen wurde erhört, und der Schmuck wurde gefunden. Die Gräfin aber, erbost darüber, dass die Magd zu „ihrer" Madonna gebetet hatte, schenkte die Figur dem Dom. Nun steht sie hier in St. Stephan seit vielen Jahrhunderten und hat die Bezeichnung „Dienstbotenmuttergottes" bekommen.

Wie gefällt Sie Ihnen? Sie ist aus Sandstein, ihre Datierung führt uns in das frühe vierzehnte Jahrhundert zurück und sie hat sich durch den Kerzenruß der vergangenen Zeit eine Patina „zugelegt". Tagsüber brennt immer eine Kerze bei ihr. Zu ihr kamen früher die Dienstboten und klagten ihr Leid. Oft stehen Leute im Gebet versunken vor ihr.

Dienstboten-Madonna

Vom Typus her ist sie eine „schöne Madonna" und bei diesen ist das Herz-Chakra, welches am Brustbein liegt, durch eine Rose oder durch eine Brosche betont. Hier greift ihr Sohn danach. Die Dienstbotenmuttergottes hört Ihnen zu. Sorgen, aber auch Dank werden ihr anvertraut. Sie gibt uns aber auch eine Lernaufgabe mit: Wir sollen Gefühle sensibel äußern, Mitgefühl zeigen und unbeherrschte Launen und Manipulationen ablegen. Die Marienfigur steht auf einem unterirdischen Wasserlauf und auf einer Michaels- oder Drachenlinie, beide laufen zum Frauenchor.

Manchmal können hellsichtige Menschen die Madonna auch mit einer diffusen, sehr schwer wahrnehmbaren, bläulichen Energie umgeben sehen. Dieser Schein ist die „Silberschnur". Bei den Menschen verbindet dieses Band, das man auch mit einer Nabelschnur vergleichen könnte, den physischen Körper mit dem emotionalen Körper, dem Sitz der Seele. Stirbt man, so reißt dieses Band. Die Seele kann nun nicht mehr in den irdischen Körper zurück, was diese wahrscheinlich auch gar nicht mehr – angesichts der Herrlichkeit, die sie bereits umgibt – vorhat. Marias Beistand und Hilfe erflehen wir mit dem

Englischen Gruß. Sie möge uns den Übergang erleichtern, die Angst von uns nehmen und uns helfen, unsere Bindungen zu lösen.
„Heilige Maria, Mutter Gottes, bitte für uns arme Sünder, jetzt und in der Stunde unseres Todes."

11. Das Hochgrab Kaiser Friedrich III.

Verabschieden wir uns nun von der anmutigen Madonna, und gehen wir den Apostelchor entlang zum Grabmal Kaiser Friedrich III. aus dem Hause Habsburg. Die Macht, die diese Familie hatte, ist hier in St. Stephan recht gut erkennbar. Friedrich III. starb 1493 im Alter von achtundsiebzig Jahren in Linz und hat hier seine letzte Ruhestätte gefunden. Er war der letzte Kaiser, der in Rom durch den Papst gekrönt wurde. Umstritten ist des Kaisers Persönlichkeit: sympathischen und menschlichen Zügen sollen Nachlässigkeit und Gleichgültigkeit hinsichtlich seiner Regierungsgeschäfte gegenüberstehen. Geduld und Ausdauer waren jedoch an seiner Seite. Er liebte die Botanik, die Astrologie und die Alchemie. Eigenartig ist seine „Devise" A E I O U, jene fünf Vokale, die verschieden gedeutet werden. So zum Beispiel gibt es die Auslegung: „Austria Erit In Orbe Ultime… Österreich wird ewig bestehen." Eine andere Interpretation ist die, dass die Buchstaben den Namen JEHOVAS darstellen sollen. Viele Anrufungen und Rituale werden in der Vokalatemtechnik durchgeführt. Die Konsonanten sind dabei die Bindeglieder. I E O U A = Jehova.

Unsere radiästhetischen Mutungen im Bereich der Tumba (Überbau eines Grabes) ergaben überraschende Ergebnisse: *Kaiser Friedrich III. ruht auf drei (!) Wasserläufen, die sich im Bereich der Tumba kreuzen.* Seine Darstellung am Grabdeckel blickt nach Osten, dorthin, wo die Sonne aufgeht. Dieser kleine Bereich um das Grabmonument wirkt wie eine eigene Grabeskirche für den Herrscher.

Friedrichsgrab

Abgegrenzt, nicht zugänglich, verschlossen, im Ruhm und in der Fülle der Macht ruht Friedrich III. Es scheint, als ob alte, nicht deklarierte Schuld hier noch anzutreffen ist. Die Energie am Grab ist schwächend, abziehend, linksdrehend, also geopathogen. Das kreative, männliche Element wird bei diesem Platz unterdrückt. Ist das vielleicht signifikant für Österreich? Einige meiner männlichen Kollegen bejahten dies. Hier ist „die Grablegung des Männlichen" anzutreffen. Es ist möglich, dass Frauen diesen Grabesplatz als neutral empfinden und keine Schwächung bemerken. Vor dem Chorschranken ist im Boden eine Platte eingelassen: „Quis ut Deus? – Wer ist wie Gott?", fragt der Erzengel Michael. Als Kämpfer dargestellt, ist er hier wieder am Werk, denn er hält den Drachen und dessen Energie nieder. Wusste der Kaiser mit dieser fruchtbaren Energie umzugehen? Hatte er das Wissen über energetische Transformationen? Friedrich III. gründete 1467 den St.-Georgs-Ritterorden, dessen offizielle Aufgabe die Türkenabwehr war. Und wie bereits im Kapitel der Michaelslinien beschrieben, sollte der mittelalterliche Ritter mit dieser Energie umgehen können und sie auch beherrschen.

12. Der Albertinische Chor

Der frühbarocke Hochaltar im Albertinischen Chor aus der Zeit um 1647, gemalt von den Brüdern Jakob und Tobias Pock, zeigt die Steinigung des Erzmärtyrers Stephanus. Über ihm ist der geöffnete Himmel mit Gottvater und seinem Sohn zu sehen. Deshalb wird diese Altarform dem Porta coeli, dem Himmelstor-Typ, zugerechnet, denn die menschlichen Blicke werden zum geöffneten Himmel hingeleitet. Durch die Ostfenster im Chor fällt das Licht der Sonne auf den Altar, und das Mysterium der heiligen Kommunion, der communio (lat. Gemeinschaft), mit dem Göttlichen beginnt: Hier findet eine stoffliche Vereinigung statt: Es begegnen sich Himmel und Erde in der Form der terrestrischen Strahlen und des Lichtes. Es ist eine Vermählung zwischen Himmel und Erde. Hier ist der Treffpunkt zwischen Geist und Materie; der Priester empfängt die göttliche Kraft und Gnade. Hier findet die Einswerdung der göttlichen Gnade mit dem Herzen des Priesters statt. Und von hier wird die transformierte Energie an die Gemeinde, an die Umwelt weitergegeben. Der Priester agiert nun als Pontifex, als Brückenbauer, er errichtet eine Brücke zwischen zwei Welten.

Hier im Chorbereich denkt man mit dem Herzen. Das „Denken" mit dem Herzen ist erst möglich, wenn eine hohe Bewusstseinsstufe durch mentale Fähigkeiten und Transformation erreicht wird. Man erlangt das Herzdenken, indem Begierde in Liebe umgewandelt wird, und das Persönlichkeitsbewusstsein in den Hintergrund tritt. Und erst wenn das Bewusstsein des Priesters rein und still ist, losgelöst von allem, kann er die göttliche Energie empfangen und durch die gottes-dienstlichen Handlungen weitergeben. Durch Segen, Weihen und durch die Transsubstantiation der Sakramente wird die göttliche Kraft manifestiert und uns gegeben.

Welchen radiästhetischen Befund ergaben nun unsere Mutungen?

Der Hochaltar steht auf einer Kreuzung von zwei Wasserläufen und ist durch eine Beredsamkeitslinie mit dem Lesepult verbunden. Auch hier treffen sich die Linien des Global- und Diagonalnetzgitters. St. Stephan ist von seiner Gesamtenergie her ein Mariendom, diese Energie ist aber nicht mit der Erde verbunden, sie ist liebevoll da, aber nicht machtvoll präsent.

Es gibt in St. Stephan viele Mariendarstellungen. Zu allen Zeiten war sie die weibliche Helferin in der Not und die Trösterin der Betrübten. Sie spricht die Gefühle, die Seele und den Geist an und sie wird daher gerne in schwierigen Situationen angerufen. Vertrauensvoll überlässt man ihr den Konflikt. Das Problem wird dadurch nicht verdrängt, etwas erleichtert kann man dieses in einen göttlichen Bereich schicken. Der Altar ist von Figuren von Heiligen und Bischöfen und von zwei Engeln umgeben. Das Bild über dem Altar stellt Maria als Königin der Apostel und Heiligen dar. Ganz oben thront als letzte Figur eine jungfräuliche Maria Immaculata.

Der Bischofsstuhl im Chorbereich

Wo der Kardinal oder der Erzbischof von Wien im Chorbereich sitzt, strömen zwei Wasserläufe zusammen. Auch eine Kreuzung des Globalgitternetzes lässt sich feststellen und ebenso eine Linie des Diagonalgitternetzes und eine Beredsamkeitslinie.
Zweifelsohne ist das ein immens macht- und kraftvoller Sitzplatz, der Überblick und Einsicht gewährt.

Im Chor, hinter dem Bischofsstuhl auf der linken Seite, ist eine Monstranz aufgestellt. Hier ist etwas versteckt Licht, Liebe und Demut in reichem Ausmaß vorhanden. Wir beugten hier unsere Knie ohne klein zu werden.

Der Altartisch

Machen wir auch hier wieder zuerst einen Blick auf den radiästhetischen Plan:
In der Achse von St. Stephan fließt Wasser. Dieser Wasserlauf teilt sich unter dem Altartisch und kreuzt dabei noch einen anderen, der innerhalb des Chorschrankens in Nord-Süd-Richtung fließt. Weiters muteten wir hier eine Kreuzung des Global- und Diagonalgitternetzes und ein Zusammentreffen von zwei Beredsamkeitslinien, die in Verbindung mit der zur Kanzel stehen. Hier ist ein überwältigender, stark pulsierender und dennoch ausgleichender Ort der Kraft und Macht, der dem Herz-Chakra zugeordnet wird.

Das beim Hochaltar beschriebene Herz-Denken hat hier seinen Platz. Es ist der Platz der Erkenntnis und des Bewusstseins, welche sich aus der Liebe, eben aus dem Herzen, entwickeln sollen. Hier wird empfangen und gegeben. Auf dieser Ebene wendet man sich den Menschen zu und kann sie erkennen. Vitalität und Lebenskraft wird weitergegeben. Es möge alles fließen, nichts soll gehalten und besessen werden. *Der Altartisch ist also ein ganz außergewöhnlicher Platz für Gottes Erscheinen und damit auch für die Wiener Priesterschaft!*
Gehen wir ein Stück weiter in den Frauenchor.

13. Der Frauenchor

Im Frauenchor, der auf der Nordseite liegt, ist der Wiener-Neustädter-Flügelaltar aufgestellt. Er trägt die Jahreszahl 1447 und die Devise AEIOU des Kaisers Friedrich III. Dieser stattete das Neukloster in Wr. Neustadt mit diesem Altar aus. Erst seit dem Jahre 1883 befindet sich der vierflügelige Wandelaltar in St. Stephan. Der linke Innenflügel stellt in Reliefform die Geburt Jesu Christi und darüber die Krönung Mariens dar. Auf dem rechten Flügel ist unten die Epiphanie und im oberen

Kenotaph für Rudolph IV. den Stifter, Herzog von Österreich und seine Gattin Katharina von Böhmen.

Flügelteil der Tod Mariens zu sehen. In der Mitte des Altars ist die thronende Maria, das Jesuskind und seitlich die hl. Katharina und die hl. Barbara dargestellt. Darüber befindet sich nochmals die Krönung Mariens.

Dieser „Frauenaltar" ist durch einen Wasserlauf mit dem Grabmal Kaiser Friedrichs III. verbunden. Zudem kreuzen sich hier zwei weitere Wasserläufe. Auch hier lässt sich eine Überschneidung von Globalgitter- und Diagonalgitternetz feststellen. Durch die Heiligen Maria, Katharina und Barbara ist hier wohl massiv Weiblichkeit präsent, doch sind die weiblichen Energieschwingungen hier machtlos, sie wirken abgehoben und vergeistigt.

Blicken Sie nun bitte ein bisschen nach rechts. Sie werden dort das Kenotaph für Herzog Rudolf IV. und seine Gattin Katharina von Böhmen sehen. Unter dem leeren Grab – Rudolph IV. und seine Gattin ruhen ja in den Katakomben – lassen sich keine radiästhetischen Besonderheiten feststellen. Nur ein Wasserlauf wurde von uns gemutet.

Begleiten Sie uns noch in Richtung Westen zum Querschiff. Vielleicht können Sie sich in die Mitte des Querschiffes stellen und die unbesonnte, nördliche Langhausseite betrachten. Über dem Abgang zu den Katakomben hängt die große Nachbildung des gotischen Wimperger Kreuzes, welches im Zweiten Weltkrieg verbrannte. Hier herrscht Trauer und Tod, es fehlt die Wärme des Lebens. Gehen wir noch gemeinsam ein paar Schritte weiter in Richtung Hauptaltar. Hier in der Mitte zwischen den ersten Pfeilern, muteten wir einen Platz, auf dem wahrscheinlich der Altar der ursprünglichen romanischen Kirche stand.

Wir haben hier einen Bereich, wo sich sowohl Netzgitter als auch unterirdische Wasserläufe kreuzen. Es ist ein alter geweihter Platz mit gut verträglicher, ausgleichender Energie. Manchmal, wenn wir gedankenversunken auf solchen Plätzen in uns ruhen, machen sich unsere Sinne bemerkbar: Wir meinen Wohlgerüche festzustellen und hören vielleicht etwas, was andere nicht hören. Das ist kein Grund zur Beunruhigung, Ihre Sinne sind hier eben wachsamer.

Wir verlassen Sie hier an diesem Platz, vielleicht wollen Sie St. Stephan noch allein weiter erkunden.

Zum Abschluss noch ein Hinweis: Besonders stimmungsvoll und verzaubernd ist der Lichteinfall in der Dämmerung. Das Licht im Übergang vom Tag zur Nacht gibt der Kirche eine eigene Gestimmtheit, wodurch sich die Raumqualität verändert. Diese magische, verwandelnde Übergangsstimmung kann man täglich in der Dämmerung erleben. Besonders intensiv ist sie bei einem Wechsel der Jahreszeiten.
Wir treffen uns bei der nächsten Kirche wieder, und ich möchte mich mit einem Gedicht von Hermann Hesse von hier und von Ihnen verabschieden:

Manchmal aber bleibt ein Mensch beim Dome
Lauschend stehen, öffnet sacht die Pforte,
Horcht entrückt dem fernen Silberstrome
Der Musik, vernimmt aus Geistermunde
Heiter-ernster Väterweisheit Worte,
Geht davon mit klangberührtem Herzen,
Sucht den Freund auf, gibt ihm flüsternd Kunde
Vom Erlebnis der entrückten Stunde
Dort im Dom beim Duft erloschner Kerzen.
Und so fließt im unterirdisch Dunkeln
Ewig fort der heilige Strom, es funkeln
Aus der Tief manchmal seine Töne;
Wer sie hört, spürt ein Geheimnis walten,
Sieht es fliehen, wünscht es festzuhalten,
Brennt vor Heimweh. Denn er ahnt das Schöne.

X. Pfarrkirche St. Michael

Warte
den kommenden Frost ab
ob von den
verbrannten Sommern in mir
ein kleines Feuer bleibt

„Luftbrücken", Heinz Schimmel

Michael – sein Namenstag fällt auf den 29. September. Dieses Datum liegt nur wenige Tage nach der Herbstsonnenwende. Um diese Zeit beginnen die dunklen Abende und die langen Nächte. Früher zogen sich die Menschen in dieser Jahreszeit nach dem Einbringen der Ernte in die Geborgenheit der Gemeinschaft, in das Haus, in das Innere zurück. Der angebrochene Herbst und der folgende Winter sind eine Zeit der Sammlung der Kräfte und eine Zeit der inneren Wandlung. Früher hob man die zeitlichen Wendepunkte des Jahres durch Feste und Bräuche hervor. Sie sind wie eine Atempause und gleichzeitig auch ein energetischer Übergang:
Lässt man sich auf den Herbst ein – das mag mitunter nicht immer leicht sein – und betrachtet dabei subtil das stoffliche Vergehen in der Natur, so kann dies neue Empfindungen und Kräfte wecken. Ein Rückzug auf sich selbst, ein Loslassen des Sinnlichen und ein Entfalten der Seele setzt ein. Vieles stirbt in dieser Zeit, welkt, fällt herab, und befreiend steigt das Seelisch-Geistige hoch, welches uns innerlich aktiviert, uns geistige Impulse gibt.

Die Seele, geöffnet und aufnehmend, durchdringt das Menschlich-Geistige in uns, sie vermittelt zwischen unseren Körpern. Dieser Impuls des „Sichdurchdringens“ durch das Miterleben der Jahreszeiten in den gemäßigten Breiten wird dem Engelsfürsten Michael zugeschrieben. Er wacht am Ausgang des Jahres, in der Zeit der Ernte, in der die guten und schlechten Früchte sichtbar werden, und er begleitet das Sterben in der Natur und das Ruhen der Pflanzen in der Erde. Auch der Wechsel von Zeitepochen, das Werden und Vergehen von Kulturkreisen und Zeitströmungen wird ebenfalls dem Einfluss der Erzengel zugeschrieben. Rudolf Steiner ist der Ansicht, dass sich die sieben Erzengel in einem Rhythmus von etwa 350-400 Jahren in der Zeitregentschaft ablösen. Das Zeitalter Michaels begann in der Mitte des 19. Jahrhunderts. Somit begann die Zeit der Ernte, der Unterscheidung. Getrennt werden die Erscheinungen, die zur geistigen Erhebung der Materie notwendig sind, von denen, die zerstörend auf das Leben der Erde und der Menschen einwirken. Die notwendige Erkenntnis dazu, die Fähigkeit zur Klarheit und somit auch zur Gerechtigkeit bringt uns der Engel Michael. Michael, Engelsfürst und Erzengel, „*Quis ut Deus*“ – „*Wer ist wie Gott*“ – bedeutet sein Name. Er wird als der schon vor Beginn der Schöpfung den Luzifer stürzende Kämpfer dargestellt Und er, der streitlustigste der Erzengel kämpft unermüdlich. In der Bibel wird von sieben Erzengeln berichtet, namentlich erwähnt sind Michael, Gabriel, Raphael und Uriel. Diese sieben Engel wurden den damals bekannten sieben Himmelskörpern zugeordnet, Michael der Sonne.

1. Rundgang

Begleiten Sie mich zum Großen Michaelerhaus, Kohlmarkt 11, neben „Demel' s Vis à Vis“ ist eine Einfahrt, die uns zu einer hoffentlich unversperrten Tür bringt. Dahinter verbirgt sich ein romantischer, stiller Altwiener Pawlatschenhof, wo wir einen Blick auf das Langhaus der Michaeler Kirche werfen können. Unter dem Dach läuft ein Zahnfries oder Zahnschnitt. Sind diese Friese geschlossen, dann wirken sie als „Dämonenfallen“, d.h., sie halten den umschlossenen Raum energetisch „rein“. In den alten Kirchen wird oft der „Kampf zwischen Gut und Böse“ dargestellt. Solch ein Fries oder z. B. auch ein Mäanderband konnte das Böse fernhalten. Symbolisch steht der Zahnschnitt auch für den „Zorn Gottes“.

Gehen wir jetzt zum Eingang der Kirche: Auf dem Portikus der Michaelerkirche wird der Engelssturz dargestellt und Sankt Michael stehen die beiden Erzengel Gabriel und Raphael zur Seite. Die Kirche, eine dreischiffige Pfeilerbasilika, wurde in der ersten Hälfte des dreizehnten Jahrhunderts als zweite Stadtpfarrkirche nach St. Stephan gegründet. Urkundlich gesichert ist, dass sie bereits vor 1252 vollendet wurde. Diese alte Bausubstanz ist in den wesentlichen Teilen, wie Langhaus mit Seitenschiffen und Kapitellen noch vorhanden. Die Westfassade, die Eingangsseite, wurde 1792 klassizistisch umgestaltet, um eine einheitliche Front mit den die Kirche einschließenden Häusern bilden zu können. Der Turm hat einen *achteckigen* Grundriss und stammt aus dem Jahre 1327. Der nadelspitze Turmhelm wurde nach einem Einsturz um 1590 neu aufgesetzt.

Aber nun hinein in die Kirche mit uns:
Ja, alt ist sie wohl, spürbar alt, doch mit Kraft versehen. Kraft, die sich nicht durch Gepränge äußert. Wir sind in einer Basilika, die auch als Weg zu Gott, als Straße zum himmlischen Thronsaal beschrieben wird und Michael geleitet und prüft die Seelen auf ihrem Weg dorthin. Unter der Orgelempore, nach dem Eingang, sieht man alte Freskenreste. Durch die vielen Wandmalereien waren die Kirchen früher viel bunter. Einige dieser Malereien sind hier noch ganz gut erhalten. Ihre Entstehungszeit wird mit dem vierzehnten Jahrhundert angegeben.

2. Gefiedertes und Geschupptes am Kanzelpfeiler

Zwei Drachen haben sich hier ineinander verschlungen; sie sind Sinnbilder für die unterirdischen, terrestrischen Energien. Diese werden in den verschiedensten Kulturen als Schlangen oder Drachen dargestellt.

Gehen Sie um die Kanzel herum und verweilen Sie hier. Hier zu sitzen wirkt anregend – das ist ein stimulierender, ein guter Platz.

3. Die außergewöhnliche Gruft

Im nördlichen Chor, von der Kanzel aus gesehen links vorne, gibt es den Abgang zur „Toteninsel unter der Erde.“ Durch ihre Nähe zur Hofburg war die Michaelerkirche die bevorzugte Kirche des Adels. Da die Bedienten des Hauses Habsburg meistens aus adeligem Hause kamen, konnte man hier „gleich um die Ecke“ sich das Ja-Wort geben, seine Kinder taufen lassen und auch im Tode durch das unterirdische Grab der kaiserlichen Familie nahe sein. Die Gruft der Michaelerkirche ist wegen ihrer mumifizierten Toten bekannt. Man hat bei einigen Särgen die Deckel abgenommen und festgestellt, dass die Toten nicht verwest sind. Die Verstorbenen ruhen zumeist in Eichensärgen, die mit Holzspänen ausgefüllt sind. Die Familie Habsburg ließ ihre Toten absichtlich mumifizieren. Zu diesem Zweck nahm man den Toten die inneren Organe und die Eingeweide heraus und füllte die so entstandenen Hohlräume mit

Harz und Wachs. Zu guter Letzt wurde der Körper auch noch einbalsamiert. Der Erfolg dieser Maßnahmen war oft recht zweifelhaft. Und hier, unter der Michaelerkirche, stellte sich der angestrebte Effekt ohne menschliches Zutun ein.

Wie sehen nun die Radiästheten und Geomanten dieses Phänomen?
Blanche Merz, eine französische Geomantin schreibt die Mumifizierung tiefliegenden Erzadern zu. Auch fand man in der Gruft urtümliches Mauerwerk, das aus jeweils einer Lage formloser Steine, die nach Art eines opus spicatum schräg, wie ein Ährenhalm, geschichtet sind. Dieses Mauerwerk kann Reizzonen (Globalnetzgitter, Curryzonen) neutralisieren oder verschieben. Die Zonen können so verschoben sein, dass sie als wirkungsvolle Schutzzonen um das Mauerwerk liegen. Aus Pietätsgründen haben wir hier aber nicht gemutet.

Die sechseckige Form der Särge – die auch praktisch bedingt ist – lässt sich symbolisch deuten: Alles Irdische – vom Licht der Sonne und der Sterne über das Land und das Meer bis zu den Pflanzen, Tieren und Menschen – ist das Ergebnis des Sechstagewerks Gottes. Davon abgeleitet, soll auch die Arbeitswoche des Menschen sechs Tage betragen, auf sie folgt der Ruhetag. Sechs Phasen erlebt der Einzelmensch: Kindheit, Reifezeit, Jugendalter, junges Erwachsenenalter, Mannes- und Frauenalter, Greisenalter. Und was folgt dann? Die Sechs ist also die Zahl des Menschen.

4. Der Altarbereich

Inmitten des gewölbten Wolkenhimmels über dem Altarbereich ist die göttliche Dreieinigkeit, das „Auge Gottes", die göttliche Gegenwart, dargestellt. Der Altar

Hochaltar mit Engelssturz, 1781

Altarbild Maria Wegweiserin (Hodegetria)

wiederum besteht aus zwei Teilen: aus dem eigentlichen Altar mit dem Gnadenbild und dem darüber dargestellten Engelssturz. In der Schöpfungsgeschichte (1. Mos. 6,2) wird von Söhnen Gottes berichtet, die sich irdische Frauen nahmen. Sie werden als die sündig gewordenen Engel gedeutet. Am bekanntesten ist wohl Luzifer, ehemals ein herrlicher Lichtträger, nun der Teufel, der Satan, der Beelzebub... Er strebte das Ziel der Gottähnlichkeit an, die aber nur aus der Gnade Gottes gegeben wird. Luzifer wollte sie aber kraft seiner eigenen Natur und ohne göttliche Hilfe erreichen. Er kooperierte nicht, war ungeduldig und stolz und von sich überzeugt. Als Strafe wurde er dafür aus dem Himmel gestoßen und lebt seither als Höllenfürst weiter. Wo? Mitten unter uns...

Dieser barocke Engelssturz bildet die Verbindung zwischen dem dargestellten Himmel mit der Gegenwart Gottes in der Form seines „wachen, nie schlafenden Auges" im Dreieck und der Altarzone.

Das Altarbild, eine Maria Hodegetria (griech. die Wegführerin), wurde um 1540 gemalt und ist der Mittelpunkt des Altargeschehens. Beachten Sie bitte die außergewöhnlich langen goldenen Strahlen um die Ikone und um das Auge Gottes. Auch sie haben eine energetische Wirkung!

Das Haus Habsburg ist hier mit der Kaiserkrone über der Ikone präsent. Zu Füßen der zwei das Gnadenbild tragenden Engel sitzen die vier Evangelisten, zu deren Füßen wiederum Reliquien in den Altaraufbau eingelassen sind, so als ob sie eine Schutzfunktion hätten. Hinter dem Altar verborgen, befindet sich der Chor der Priester. Er ist mit Zyklen aus dem Marienleben geschmückt. Auffallend ist das Immaculata-Relief, das Maria triumphierend über dem Drachen zeigt. Es ist ein Raum voll der süßen kontemplativen Stille, allerdings ist er selten begehbar.

Bei unserer Mutung stießen wir auf unterirdisches Wasser im Chorbereich:
Drei Wasserläufe fließen in West-Ost-Richtung: je einer entlang der beiden seitlichen Chorwände und einer exakt in der Mitte unter dem Hochaltar (Mensa, Gnadenbild, Engelssturz). In Nord-Süd-Richtung fließt Wasser unter dem Hochalter, ebenso vor dessen Stufen, und unter der barocken Kommunionbank. In deren Mitte muteten wir eine Quelle. Erstaunt stellten wir hier eine Änderung der Fließrichtung der West-Ost-Wasserläufe fest: Im Altarraum fließen sie Richtung Osten, im übrigen Chor- und Kirchenraum Richtung Westen. Und ehrfurchtsvoll blickten wir während unserer Arbeit zu den wachenden Engeln an den Enden der Kommunionbank. Wir führten hier keine weiteren Mutungen mehr durch.

Im Chorbereich der Kirche geschieht etwas Außergewöhnliches:

Nicht jedes Jahr, aber hin und wieder wird hier am Aschermittwoch der Liturgie entsprechend getanzt. Durch den Tanz entstehen im Raum geometrische und kurvige Figuren, z. B. Kreise, Dreiecke, Quadrate etc. Die Kunst des Tanzens besteht darin, die einzelnen Formen zu einer Einheit zu verbinden, den Bewegungsablauf auf der ebenen Fläche und die Formen der Körperbewegung mit den Klängen in Einklang, in Harmonie zu bringen. Da alte Gotteshäuser „unhörbar" klingen, ihre vollkommenen, harmonikalen Proportionen heilend auf uns wirken, können durch den Tanz auch diese Grundformen nachvollzogen werden. Sobald der Mensch durch seine Gesten über sich hinaustritt, ist er Raum, und belebt gleichzeitig den ihn umgebenden Raum, weil seine Gesten archetypische Grundhaltungen sind. Wenn wir Formen gestalten, schaffen wir Energien. Wenn wir durch unsere Gesten, die in unserem Körper vorhandenen harmonikalen Proportionen und geometrischen Grundformen lebendig machen, erschaffen wir Energien, die durch die Formschwingungen innerhalb eines Gebäudes – durch das Gesetz der Resonanz – (ver-) stärkend wirken. Früher betete der Mensch mit seinem ganzen Körper, er warf sich sogar mit ausgebreiteten Armen zu Boden. Bei diesem uralten Gebetsvollzug werden alle Chakren des Menschen mit Energie belebt, andererseits gestaltet er mit seinem Körper geometrische Grundformen, die, wie bereits erwähnt, mit den Formschwingungen wohlgelungener Baukörper in Resonanz treten. Wesentlich sind die Gebärden der Betenden, der Oranten. So kann, um ein Beispiel zu nennen, die geöffnete linke Handfläche des betenden Priesters Energie aufnehmen und durch die rechte Hand abgeben. So wird Gotteskraft gegenwärtig.

Die Gottesdienste sind sehr oft wortlastig. Dagegen ist beim Gottesdienst Bewegung durch eine „getanzte Liturgie", ein Einfühlen in eine leiblich-seelische Einheit möglich und wünschenswert. Hier können Bewegte andere bewegen!

Ja, der Tanz in alten Zeiten,
war ein frommer Akt des Glaubens,
um den Altar drehte heilig
sich der priesterliche Reigen.
Also vor der Bundeslade
tanzte weiland König David -
Tanzen war ein Gottesdienst,
war ein Beten mit den Beinen!

Heinrich Heine

Betrachten wir zuletzt den Altarraum unter energetischen Gesichtspunkten, so lässt sich feststellen, dass wir hier ein geselliges Zusammensein von Evangelisten, Heiligen und Engeln haben. *Liebe, Ahnen um Göttliches und Wissen wird durch sie dargestellt. Hier ist ein außergewöhnlich sakraler Platz: kontemplativ, ein Ort ohne Zeit, ein Ort der himmlischen Ewigkeit. Dieser Bereich wird durch die barocke Kommunionbank mit den wachenden Engeln an den Enden abgegrenzt. So als ob wir Menschen dort noch nicht sein dürften. Aber der Raum ist nicht unseren Blicken entschwunden, mögen diese auch noch so sehnsuchtsvoll dort hinblicken.*

5. Die Kreuzkapelle

Blicken Sie bitte nach oben, bevor Sie die Kreuzkapelle betreten. Über Ihnen bemerken Sie dreizehn Engelmedaillons und im Bogenfeld sieht man das Haupt Christi mit den Stifterfiguren. Interessant ist auch das Ornament aus Herzpalmetten. Die Palmette knüpft an das ägyptische Lotosblütenmotiv an. Da der Lotos die Eigenschaft hat, seine Blüten nachts tief ins Wasser zurückzuziehen, um sie bei Tagesanbruch wieder auftauchen zu lassen, wird die Pflanze mit der hervorbrechenden Sonne assoziiert. Sie stellt eine Verbindung zwischen göttlichem Licht und Finsternis her, sie ist ein Zeichen der Hoffnung und der Wiedergeburt.

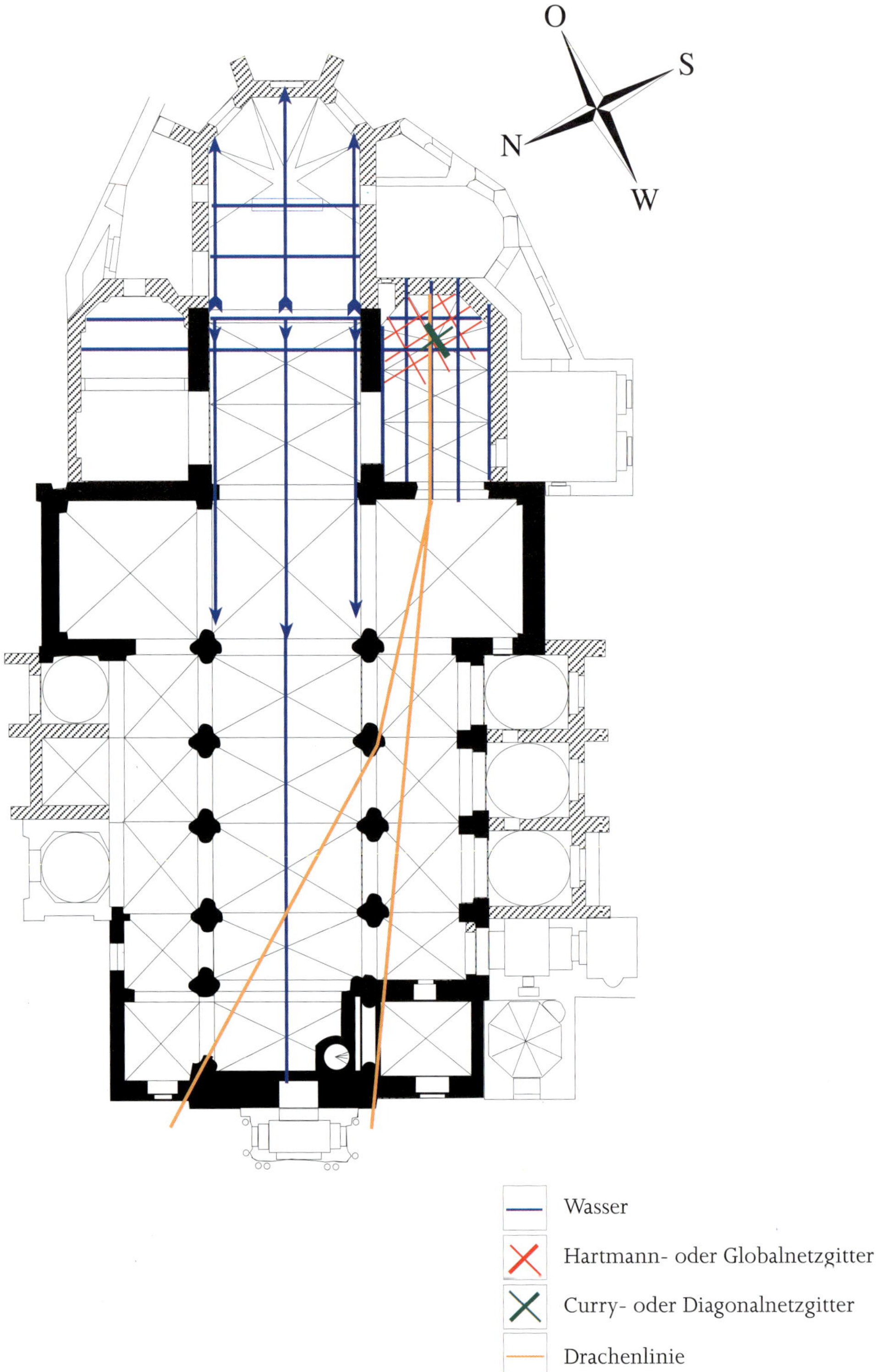
O
S
N
W
Wasser
Hartmann- oder Globalnetzgitter
Curry- oder Diagonalnetzgitter
Drachenlinie

Aus dem Lotos wurde hier ein Herz: sieben Herzen rechts, sieben Herzen links und ein stehendes Herz in der Mitte. Diese Kapelle wurde 1350 vom herzoglichen Küchenmeister Stiborius Chrezzel aus Dankbarkeit gestiftet. Er wurde damals verdächtigt, seinen Chef und Arbeitgeber Herzog Albrecht II. vergiften zu wollen. Doch der Küchenchef Chrezzel konnte seine Unschuld beweisen und beauftragte danach den Bau des Chorraumes. Rechts neben dem Altartisch entdeckte man 1973 im Zuge von Umbauarbeiten eine gotische Priesterbank. Die Bank ist in das Mauerwerk hinein versetzt. Geschützt vor den Blicken anderer Gottesdienstbesucher und von einem Wasserlauf unterspült, saßen hier die Mönche. Die Dynamik des Wassers wird verstärkt durch die architektonischen Formen über der Bank: Es sind drei gotische Dreiecke, wobei das Dreieck für die Kraft des Geistes steht. *Es ist ein stimulierender, geistig anregender Platz.* Fällt Ihr Blick auf die gegenüberliegende Seite, schrecken Sie nicht vor dem Totenkopf zurück. Er weist Sie nur auf unsere Vergänglichkeit hin.

Kreuzkapelle

Unsere radiästhetischen Mutungen hier ergaben folgendes Bild:
Fünf unterirdische Wasserläufe verlaufen in West-Ost-Richtung, der mittlere von ihnen, auf ihm steht auch der Altar, wurde als pulsierende Fruchtbarkeits- oder Drachenlinie gemutet. Die Drachenlinie verläuft von der Georgskapelle der Augustinerkirche hierher zur Kreuzkapelle. Im Altarbereich verlaufen zwei Wasserläufe in Süd-Nord-Richtung. Die Mensa steht zusätzlich noch auf einer Curry-Kreuzung und einer Hartmann-Linie. Bereichernd, anregend und stimulierend für Körper, Seele und Geist ist dieser Platz, geschaffen für eine aufbauende Erholung nach einem eventuellen mühsamen Arbeitstag.

6. Die Turmkapelle und die Teufelsgesichter

Die Turmkapelle, rechts neben dem Eingang, ist ein sehr harmonischer Raum mit einem alten Kreuzgewölbe aus dem dreizehnten Jahrhundert. Eine Kopie der Ikone der Maria Wegweiserin blickt uns entgegen, die einige Zeit als Ersatz für die gestohlene Ikone am Altar Verwendung fand. Die Ikone der Schwarzen Madonna wurde jedoch wieder gefunden, und sie kehrte in die Kirche zurück. Seit jeher trafen sich in der Kapelle des Turmes die Mitglieder der Nikolaisbruderschaft. Sie waren Schauspieler und Sänger. Die Kirche St. Michael ist somit nach alter Tradition die Künstlerpfarre von Wien, und jeden Montagabend gibt es hier einen Jourfixe der Wiener Künstler. *Durch die Turmkapelle verläuft die aus der Kreuzkapelle kommende Drachen- bzw. Fruchtbarkeitslinie.*

Haben Sie das alte Fresko neben der Kapelle, datiert mit ca. 1350, schon entdeckt? Erzengel Michael wägt die Seelen ab. Auf der rechten Seite ist Maria mit ihrem Sohne und den guten Seelen in der Waagschale zu erkennen, links von Michael der Satan. Die bösen Seelen in der Waagschale tragen einen Schuppenkamm am Rücken und dürften etwas leichter sein. Des Teufels Gesicht ist völlig zerkratzt.

Doch er zeigt uns noch zwei andere: das eine auf der rechten Gesäßbacke, das zweite im Genitalbereich. Es sind die verschiedenen Gesichter des Satans.

Fresko, Erzengel Michael

7. Der dämonische Platz und die Kraft der Wandlung

Jeder gute und starke Ort, sei es nun eine Kirche, ein Tempel oder eine Synagoge, hat auch seinen „dunklen, dämonischen" Platz. Manchmal hat man beim Bau eines Tempels, z. B. in Tibet, auch den dunklen Mächten einen würdigen Raum zugewiesen. Das ist in unserer westlichen Kultur nicht üblich, doch diese Energie manifestiert sich eben an den „dunklen" Plätzen. Man wusste früher vom Kampf der Kräfte und Mächte beim Kirchenbau und versuchte Abwehrmaßnahmen zu setzen. Doch oft gelang dem Bösen die Einkehr. Gefährlich sind die „wilden Gesellen", wenn sie verdrängt, als nicht existent angesehen werden. Jedoch können gut platzierte künstlerische Darstellungen, die das Dämonische zeigen, die sonst freischwebenden und zerstörerisch wirkenden Kräfte an einen Platz binden.

Was geschieht nun an solchen Orten?

Hier wird den Menschen Energie genommen, jede Form von Energie, ob positiv oder negativ. Dadurch kann ein „Schockzustand", eine energetische Reinigung, ein Loslassen, eine Läuterung eintreten. Oft ist das mit einem momentanen physischen Schwächezustand verbunden. In diesem „gereinigten" Zustand kann der „Ort der Begegnung", der geweihte Platz vielleicht lastenfreier betreten und erfahren werden. Sind Ihre Sinne offen und Gott zugewandt, werden Sie seine Nähe empfangen.

Die „Schwarze Madonna" in der Turmkapelle, Maria Wegweiserin, hilft uns, den rechten Weg zu finden. Die dunklen Madonnen werden oft mit Gaia, der fruchtbaren Erdenmutter, in Verbindung gebracht. Nach Harald Jordan besitzen dunkle Madonnen die „Kraft der Wandlung":

„Es ist eine Kraft, die hoch gewürdigt werden soll, denn durch Wandlung ist Ganz-Werdung und damit Heilung möglich!" So ist dieser Platz um die Turmkapelle außergewöhnlich: Hier verläuft die energievolle Fruchtbarkeitslinie, das Dämonische hat durch die Satansdarstellung im Fresko seinen Platz erhalten. Die dunkle Madonna in der Turmkapelle wandelt und unterstützt unsere fruchtbaren Energien – sie weist uns den Weg!
Wir sind wieder zum Haupteingang zurückgekommen und haben unseren Rundgang in der Basilika des heiligen Michael beendet.

Kehren wir nun zurück in das weltliche Wien! Vor uns liegt der Michaeler Platz. Die gemutete Fruchtbarkeitslinie verläuft hier quer über den Platz Richtung Herrengasse. Hier stand früher das alte Burgtheater, das Nationaltheater, in dem die meisten Opern Mozarts uraufgeführt wurden. Auch das Café Griensteidl, am Rande des Platzes, ist als Literatencafé in die Geschichte eingegangen. Stefan Zweig, Arthur Schnitzler, Hermann Bahr und andere Poeten nahmen hier ihren Kaffee zu sich. Und wenn wir in der Geschichte noch weiter zurückspringen, so erfahren wir, dass bereits die römischen Soldaten diesen Ort aufsuchten. Liebestrunken lagen sie in den Armen der Mädchen, denn hier stand das römische Bordell.
Fruchtbarkeit also in den verschiedensten Variationen! Die gleiche Dynamik ist auch in der Herrengasse zu finden. Aus der Wiener Geschichte ist dieser Straßenzug nicht wegzudenken. Auch hier errichtete der Adel seine schönen Palais, im Palais Wilcek, Herrengasse 5, wohnten Josef von Eichendorff und Franz Grillparzer, und auch der ungarische Staatsmann Graf Szechenyi erblickte hier das Licht der Welt, was für ein Zufall: Auch die Österreichische Gesellschaft für Literatur hat hier ihren Sitz.

Im Konzertsaal des ehemaligen Palais Liechtenstein in der Herrengasse 6-8 konzertierten Bartók, Brahms, Grieg, Hellmesberger, Liszt, Mahler und Strauss. Als das Palais demoliert wurde, baute man an seiner Stelle im Jahre 1933 das erste Hochhaus Wiens. Aber auch im großen Sitzungssaal des Niederösterreichischen Landhauses, Herrengasse 13, traf sich das musikalische Wien. Aufführungen und Auftritte von Schubert, Liszt und Beethoven fanden hier statt. Von hier nahm auch die Revolution des Jahres 1848 ihren Ausgang. Nicht zu vergessen ist das Café Central als Kristallisationspunkt geistigen Lebens und als Treffpunkt der Literaten im 19. Jahrhundert. Auf der linken Seite zweigt die Leopold-Figl-Gasse ab. Wir biegen in sie ein und gelangen zu einem der ruhigsten und stimmungsvollsten Plätze der Stadt: dem Minoritenplatz.

XI. Die Kirche der Minderen Brüder am Minoritenplatz

Gelobt seist Du, Herr,
mit allen Wesen, die Du geschaffen,
der edlen Herrin vor allem, Schwester Sonne,
die uns den Tag heraufführt und Licht
mit ihren Strahlen, die Schöne, spendet:
gar prächtig in mächtigem Glanze:
Dein Gleichnis ist sie, Erhabener.

Pazzo – Einfaltspinsel –, später wurde er liebevoller Poverello genannt. „Ein fügsamer Rebell, ein ernsthafter Schalk, ein engagierter Weltfremder, ein fastender, ruheloser Weiser, ein geselliger Bußbruder, eine demütige Autoritätsperson", so lauteten die Beschreibungen, die man Giovanni de Bernadone, genannt Francesco, besser bekannt als *heiliger Franz von Assisi* gab. *„Was willst du, Herr, das ich tun soll?"* Mit dieser Frage begann sein radikaler Ausstieg aus seinem bis dahin geführten Leben. Als Sohn des reichen Tuchhändlers Pietro de Bernadone 1182 in Assisi geboren, führt er in den ersten fünfundzwanzig Jahren ein sorgloses Leben. Er schart andere junge Leute um sich und zieht singend mit ihnen hinaus in die Welt. Gefangengenommen während eines Städtekrieges, geschieht seine Bekehrung. Ein Gefühl, das er später als große Süßigkeit „dolcezza" beschreibt, erfüllt und entrückt ihn. Milde, Sanftheit und Zärtlichkeit für die Menschen, für die Tiere und für alle Lebewesen erfüllt ihn ganz. Er verschreibt sich der Armut, einem von wenigen begehrten Status, der für ihn aber eine Alternative zu einer festgefahrenen Existenz ist. Er sucht Freiheit und Einssein mit Himmel und Erde. „Nimm Bitteres für Süßes" ist sein Leitsatz, und er beginnt das Leben der Armen zu teilen. In seiner emphatischen Absage an alle Habsucht und Gier findet er einen persönlichen Zugang zur materiellen Schöpfung. Alles Geschaffene, Sonne, Mond, die Mutter Erde, das Wasser, das Feuer und die Luft werden ihm zu köstlichen Gaben und Anlass zu Preis und Dank. Die Zahl derer, die sich um Francesco sammeln, nimmt schnell zu. Nie denkt er jedoch daran, eine Ordensgemeinschaft zu gründen.

Das Leben der minderen Brüder richtet sich nach dem Evangelium Jesu Christi. Sie besitzen nichts außer einer Kutte mit Strick und Unterhosen. Sie sollen allzeit Arbeit mit ihren Händen verrichten und dafür ihr Brot bekommen. Geldmünzen dürfen sie nicht annehmen. Um Almosen sollen sie bitten und sich dafür nicht schämen. „Eine kleine und schlichte Herde sind wir, die minderen Brüder. Mindere nennen wir uns deshalb, weil wir uns weigern, Vorgesetzte zu werden". Franziskus wollte sich keine Ordensregel aufzwingen lassen, weder die des heiligen Augustinus, noch die des heiligen Benedikt, noch die des heiligen Bernhard.

Die Entwicklung ging jedoch über seinen Protest hinweg. Die „Minori", seine Genossen, werden in einer Institution organisiert, die in die Kirche integriert werden kann. Und sie erhalten Regeln. Franziskus kämpft um seine ursprüngliche Idee, in absoluter Armut zu leben. Zu Lebzeiten erfährt er noch, wie die Gemeinschaft angepasst wird, und er leidet sehr darunter.

Er kann uns überzeugen durch die Kraft seiner Persönlichkeit und seines Vorbildes. Seine uns hinterlassenen Worte, seine Liebe für die Schöpfung, sein Bemühen für die Versöhnung der Menschen untereinander und mit ihrer natürlichen Umwelt sowie sein Streben nach einem Ausgleich auf allen Lebensgebieten – das ist der radikale franziskanische Geist. Er ist uns nicht verlorengegangen, aber er bedingt eine Umkehrung unserer Werte.

Zur Baugeschichte der Kirche:

In der Chronik der Minoriten lesen wir: „Im Jahre 1219, auf der Rückkehr vom fünften Kreuzzug nach Ägypten kommt Herzog Leopold der Glorreiche (1198-1230) aus dem Geschlecht der Babenberger nach Assisi und bittet Franziskus, Minoritenbrüder nach Wien zu entsenden". Vier Patres kamen nach Wien, und sie erhielten ein Grundstück, den heutigen Minoritenplatz, in der Nähe der Wiener Residenz geschenkt. Dort stand bereits eine kleine Kapelle, die zuerst dem Heiligen Kreuz und später der heiligen Katharina geweiht war. Die Minderen Brüder erbauten ihren Konvent und vergrößerten auch den Bau der Kapelle. Auf 150 Patres und mehr stieg die Zahl derer, die den Geist des heiligen Franz nach Wien brachten, und so wurde es notwendig, eine größere Kirche zu errichten. Przemysl Ottokar, König von Böhmen legte um 1276 den Grundstein der neuen Kirche. Um etwa 1350 wurde der Kirchenbau vollendet. Die finanziellen Mittel für den Bau kamen von den Habsburgern und von Repräsentanten der verschiedensten Gesellschaftsschichten. Ein günstiger Platz für die Klöster und Kirchen war der Stadtrand. Dort gab es noch Bauplätze und oft waren diese Grundstücke im Besitz des städtischen Patriziats. Die Lage entlang der Stadtmauer mag auch von strategischem Nutzen gewesen sein. So errichtete man ein christliches Bollwerk als Schutz vor dem äußeren Feind. Große, weite Kirchenräume wurden für die Predigt errichtet, die Hallenkirchen, die „Gebetsscheunen" entstanden. Der heilige Franziskus hinterließ keine Vorschriften für den Bau und die Gestaltung der Kirchen. Erst die Konstitutionen des Generalkapitels der Franziskaner zu Narbonne (1260) beschäftigten sich damit: „Weil aber die Erlesenheit und der Überfluss direkt der Armut entgegenstehen, ordnen wir an, dass die Erlesenheit der Gebäude an Malereien, Tabernakeln, Fenstern, Säulen und dergleichen, ebenso das Übermäßige an Länge, Breite und Höhe möglichst streng vermieden werden, nach der Lage des Ortes...."

1. Rundgang

Wirkt sie nicht wie eine mittelalterliche, asymmetrische Burg, besonders wenn Sie vom Osten her die Kirche betrachten? Flachgewölbt ist ihr Abschluss. Der romanische, *achteckige* Turm ist 65 m hoch und sein Helm wurde 1529 während der ersten Türkenbelagerung zerschossen. Seit 1683 trägt er seine heutige „Mütze". Blicken Sie ihn genau an, und Sie werden in der unteren Hälfte eine hervortretende, männliche Figur erkennen: wahrscheinlich ein Selbstbildnis des bärtigen Erbauers, der hier seine Last trägt. Rechts vom Glockenturm (nördlich), zu ebener Erde sind die Umrisse der Antoniuskapelle mit ihren großen Lanzettfenstern zu erkennen.

Wir gehen um die Apsiden herum in Richtung Süden, an den alten Grundmauern des langgestreckten Ludwigchors oder der Ludwigkapelle vorbei, in denen nun ein Trockenbiotop wuchert. Haben Sie die vergitterten Fenster gesehen? Im Gitter sieht man Kreise, die durch Kreuze geviertelt sind: Es sind einfache Sonnensymbole, sie werden auch als christliches Rad-Kreuz, als Kreuz der Welt bezeichnet. Sie sind ein Zeichen der Einheit, Ewigkeit und der Ganzheit.

Wir kommen nun zum Arkadengang. Hier war ursprünglich der südliche Kreuzgang des Minoritenklosters, in dessen Mitte ein Brunnen stand. Dieses Kloster, der damals bereits profanierte Ludwigschor und die Häuser, die an die Kirche angebaut waren, wurden ab 1892 demoliert, und man begann am Ende des neunzehnten Jahrhunderts mit der Neuregulierung des Platzes. Die alten Kreuzgänge der Klöster sind kräfteordnend: Sie umgeben meist in quadratischer Form den Hof des Klosters. Durch das Abgehen der vier Kreuzgänge wechselt der Wandelnde die Himmelsrichtungen mit ihren Qualitäten und Eigenschaften und stößt dabei immer wieder auf eine andere Polarität. Es vollzieht sich so ein Wechsel von stärkender, aufbauender Energie und einem Zu- und Loslassen, einem „Absaugen" von Energie. Der Energieverlust bewirkt eine energetische Reinigung und Leerung, der eine Neuordnung und ein Auffüllen mit neuer Kraft folgt.

Den vier Himmelsrichtungen werden folgende energetische und symbolische Eigenschaften zugeschrieben:

Osten:	Frühjahr, Tag-Nacht-Gleiche, Luft, kraftgebend, Dynamik, Erlösung
Süden:	Sommer, Feuer, Hitze, Licht, Hoffnungsfreude, Fülle, Bewusstsein, Aktivität
Westen:	Herbst, Tag-Nacht-Gleiche, Wasser, Erntezeit, Dämmerung, Beginn der Stille, Melancholie, Loslassen
Norden:	Winter, Erde, innere Wahrnehmung, Klarheit, Weisheit, Verwirklichung, beruhigend

Und so wanderten hier einst die Mönche betend, meditierend und singend zu bestimmten Tageszeiten durch die Gänge und erfuhren die mit den Himmelsrichtungen verbundenen Kräfte und damit eingehend eine Harmonisierung ihres energetischen „Haushaltes".

2. Ort der Kraft - Die Familienmadonna

Die Minoritenkirche ist eine weite, offene, herzliche und wogende Liebeskirche. Kein weltlicher Anspruch auf Macht ist hier anzutreffen. Wir werden vom energetischen Zentrum dieser Kirche angezogen: Es ist die an der Südseite (rechts) stehende Familienmadonna. Die gotische Statue wurde den Patres 1345 von Herzog Albrecht II. zur Ausschmückung der Kirche gespendet. Am Halsausschnitt (Hals-Chakra) des Kleides sieht man das Monogramm des Herzogs, für Albrecht. Der Bildhauer dieser Schönen Madonna ist unbekannt geblieben. Auch sie präsentiert mit einer großen Leichtigkeit ihren Sohn und tritt selbst dabei in den Hintergrund. Wie alle kindertragenden Mütter stützt Maria das Jesukind mit ihrer Hüfte ab, und so entsteht dieser sanfte Schwung, die leicht gekrümmte S-Linie, die der

Familienmadonna

Gestalt Leben und Dynamik verleiht. Frischvermählte legen hier Blumen ab, und die getauften Kinder zeigt man ihr, deswegen trägt sie die Bezeichnung „Familienmadonna".

Die radiästhetische Mutung erbrachte beachtliche Ergebnisse: *Die Familienmadonna steht auf einer Kreuzung zweier Wasseradern und auf einer Kreuzung des Globalgitter- und des Diagonalgitternetzes. Sie spendet Liebe, Barmherzigkeit und Freude am Leben.* Wir haben ihre Ausstrahlung, die Aura, mit dem Pendel gemessen: Bei einem gesunden Menschen reicht die Ausstrahlung, die den Körper in Eiform umhüllt, ungefähr einen dreiviertel Meter weit. Die Aura der Familienmadonna misst dagegen an die zehn Meter! Mit der Aura ist ein Schwingungsfeld gemeint, das vom Körper ausgeht und wie ein Hauch schwer fassbar, aber doch spürbar ist. Sie ist eine Abstrahlung von Energien, die durch die sieben Hauptchakras austreten. Gleichzeitig nimmt der Mensch durch seine Chakren Energie auf. Die Aura ist das Feld, das durch diesen Energiefluss entsteht. Sie ist ganz einfach die Ausstrahlung des Menschen, aber auch die von „leblosen" Objekten. Man kann sich vom Flair, vom Hauch, von der Ausstrahlung angezogen oder abgestoßen fühlen.

Vielleicht können Sie bei der lächelnden Maria und ihrem Sohne ein wenig sitzen bleiben. *Eine liebevolle Achtsamkeit, Erfrischung, aber auch Beruhigung wird Ihnen geschenkt. Vielleicht macht sich ein inneres Sehen, Sehnen und Spüren bemerkbar.* Lächeln Sie ein bisschen! Das darunter fließende Wasser sorgt für die Verteilung der energetischen Kraft.

3. Der Hochaltar

Sollte Ihr Blick nun nach vorne zum Hochaltar aus dem Jahre 1784 gerichtet sein, so können Sie eine gerahmte Mariendarstellung in der Altarmitte erkennen. Es ist eine Darstellung der „Maria Schnee". Es handelt sich hier um eine Reproduktion des berühmten Bildes der Basilika Santa Maria Maggiore in Rom. Dazu berichtet die Legende, dass ein älteres kinderloses Ehepaar eines Tages die Madonna bat, ihm kundzutun, wie es sein großes Vermögen für einen guten Zweck verwenden könnte. Die Madonna erschien dem Ehepaar am 4. August im Traum und sagte, sie sollten eine Kirche auf jenem Hügel von Rom erbauen, auf dem Schnee liegen würde. Der Schnee wurde am Esquilin gefunden, und das Ehepaar stiftete die Basilika Santa Maria Maggiore. Und dort wurde auch eine der ersten figürlichen Darstellungen des Weihnachtsgeschehens, die Krippe, die der hl. Franz von Assisi kreierte, aufgestellt.

Erstaunlich sind auch hier die radiästhetischen Mutungen: *Unter dem Hochaltarbild treffen zwei unterirdische Wasserläufe zusammen, auch gibt es hier eine Kreuzung des Globalnetzes (nach*

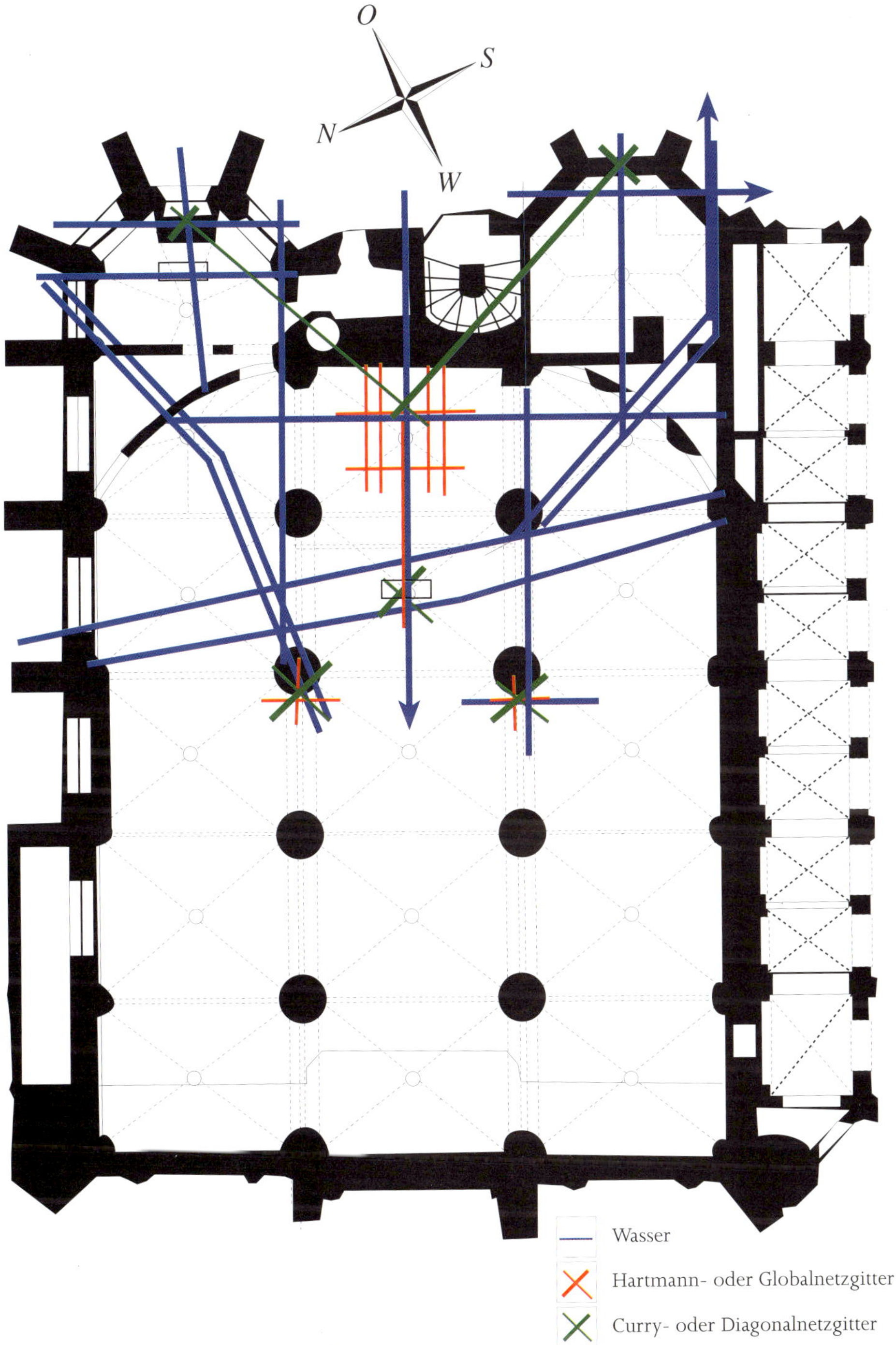
O
S
N
W
Wasser
Hartmann- oder Globalnetzgitter
Curry- oder Diagonalnetzgitter

Hartmann) und des Diagonalnetzgitters (nach Curry). Es ist ein Bereich wechselseitig sich gebender und nehmender Liebe. Es scheint, als ob eine grenzenlose, liebevolle Polyphonie ertönt und durch den Priester für uns hörbar wird. Hier von diesem Platz aus, in dieser klaren, schönen Gottesscheune.

4. Der heilige Franz und sein Segenszeichen

Fresko des heiligen Franz von Assisi

Im nördlichen Seitenschiff, beim Pfeiler der Kanzel, sind abgetragene Mauerreste mit einer Freskodarstellung des heiligen Franz aufgestellt. Es wurde gegen das Ende des fünfzehnten oder zu Anfang des sechzehnten Jahrhunderts gemalt. Der Heilige ist sehr friedvoll dargestellt. Hände und Gesicht sind durch die Jahrhunderte fast unbeschädigt geblieben. Verklärt, in einem himmlischen Zustand, zeigt er mit geschlossenen Augen seine Wundmale: auf der Innenseite der erhobenen rechten Hand und am linken Handrücken. Auch in den Händen gibt es Chakren. Die rechte Hand hat eine ausstrahlende Funktion. Die Funktion der Linken ist eine annehmende. Der Handgruß, das Handauflegen, der Segen mit der Hand – all dies hat eine energetisierende, übertragende Wirkung. Franziskus hat mit seiner rechten Hand das Thau als Segensgestus über die Menschen gezeichnet.

Der heilige Franz sprach, wenn er den Segen gab, folgende Worte:

Der Herr segne dich und behüte dich.
Der Herr lasse sein Angesicht über dich leuchten und sei dir gnädig.
Der Herr wende sein Angesicht dir zu und schenke dir Heil.

(Buch Numeri 6, 24-26)

Das Thau hängt hier an den Pfeilern und ist aus Holz geschnitzt.

5. Der Kirchenraum

Die Kanzel steht – radiästhetisch gesehen – auf einem dynamischen Platz:
Sie ist unterspült von Wasserläufen und Kreuzungspunkt von Hartmann- und Currylinie.

An der Nordseite der Kirche ist „Das letzte Abendmahl“ zu sehen. Dieses Mosaik ist eine Reproduktion des berühmten, von Leonardo da Vinci geschaffenen Freskos. Das Kunstwerk wurde mit kleinsten Steinchen vom Meister Giacomo Raffaelli ausgeführt, den Napoleon dazu beauftragte. Die Energie in den Seitenschiffen ist eine leichte, durchlässige, beschwingte. Im Mittelschiff wogt jedoch die anregende, schwere Herzensliebe… Hier wird musiziert. Klänge von Josef Haydn, Wolfgang A. Mozart oder Vivaldi ertönen und die Kirchenschiffe schwingen mit.

Diese Konzerte sind ein Hör- und Gefühlserlebnis.

„Weil Gott die Welt durch den Klang schuf, deshalb weist alle Musik zurück auf Gott. Deshalb ist alle Musik – zuerst einmal – ein Lob Gottes“. (Joachim-Ernst Berendt)

Dieser Gedanke durchzieht die Musikvorstellungen fast aller Völker der Erde. Musik kann die Schöpfung zum Wachsen und Gedeihen anregen. Gedanken dazu wurden vor dreitausend Jahren von einem Psalmisten geschrieben. Er dichtete in den letzten vier Gesängen der Psalmen – vom 147. bis zum 150. Psalm – die folgenden Verse, die Musiker von Johann Sebastian Bach bis Duke Ellington immer wieder zu lob-, preis- und dankerfüllten Vertonungen inspiriert haben:

Kirchenraum mit Hochaltar

„Singet dem Herrn ein neues Lied …

Sie sollen loben den Namen des Herrn in Tänzen.

Mit Pauken und Harfen sollen sie ihm spielen…

Lobet den Herrn in seinem Heiligtum!…

Lobet Ihn in seinen Taten!…

Lobet Ihn in seiner großen Herrlichkeit!

Lobet Ihn mit Posaunen!

Lobet Ihn mit Psalter und Harfe!

Lobet Ihn mit Trommeln und Tänzen!

Lobet Ihn mit Saiten und Pfeifen!

Lobet Ihn mit hellen Becken!

Lobet Ihn mit wohlklingenden Cymbals!

Alles, was Odem hat, lobe den Herrn!

Halleluja!“

6. Die Kapelle des heiligen Antonius

Diese Kapelle ist ein Ort der meditativen Stille. Bei Sorgen und Nöten ist sie ein wunderbarer Platz. Die Votivtafeln an den Wänden legen Zeugnis von den erfüllten Bitten und Wünschen ab. Ein Rückzug in eine geschützte Sphäre ist hier möglich. Bei klarem Himmel fallen in die Kapelle am Vormittag Sonnenstrahlen ein und lichtüberströmt wird die Atmosphäre der Zweisamkeit und Innigkeit erwärmt. Il Santo, der Heilige, so nannte man Antonius von Padua. Wahrscheinlich kam er

Altarbild des Antonius von Padua

1188 in Lissabon als Spross eines Adelsgeschlechts zur Welt. Er gehörte dem Orden der Franziskaner an und zog als wortgewaltiger Prediger durch Italien. Der heilige Franz ernannte ihn zum Lektor der Minderbrüder in Bologna. Er starb 1231 als 36-jähriger im Kloster zu Arcella bei Padua und wurde bereits ein Jahr später in den Kreis der Heiligen aufgenommen. Il Santo ist zuständig für verlorene Gegenstände, und er ist der Patron der Bäcker, Bergleute, Reisenden und der Sozialarbeiter. Auf dem Altarbild trägt er das Jesuskind und hält eine Lilie, das Symbol der Reinheit, in der Hand.

Unsere Mutungen ergaben hier folgendes Bild:

Genau unter dem Altartisch und unter dem Betstuhl treffen sich jeweils zwei Wasserläufe und unter der Mensa wurde noch eine Kreuzung eines Diagonalnetzgitters gemutet.

Einmal, als ich bei einer Führung die Kapelle verließ, fiel mein Blick auf eine Leiter, die an der nördlichen Seitenwand angelehnt war. Sie war mir schon mehrmals aufgefallen, und ich begann sie mit der Leiter Jakobs zu assoziieren. Jakob träumte: „Eine Leiter stand auf der Erde, ihre Spitze berührte den Himmel. Gottes Engel stiegen auf und nieder. Oben stand der Herr." (Gen 28, II ff.)

Eine Leiter ist das Symbol des Aufstiegs zum Himmel und der Verbindung zwischen Himmel und Erde. Wahrscheinlich hat sie Pater Nicola eines Tages weggeräumt.

Pater Nicola – fast bei jedem Besuch in der Kirche begrüßte er meine Gäste mit seiner ganz besonders herzlichen, willkommenheißenden Freundlichkeit. Er war leise im Hintergrund für alle Besucher in seiner Kirche da. Er hat mir zugehört, meine Fragen beantwortet und mich vieles gelehrt. Bei seinem Abschied sprach er den franziskanischen Segen über mich.

Pater Nicola, danke für alles und – ich vermisse Sie!

XII. Die Kirche Maria am Gestade

*Es kann wie eine Überraschung sein:
Du gehst durch enge Gassen voll Gewimmels, wo jeder hastig seines Weges strebt. Da siehst Du ihn und hältst erschüttert an und Deine erdenschwere Seele schwebt zu dieses Turmes Filigran, gewirkt aus hartem spröden Stein und aus dem Blau des Himmels.*

*Der Turm von Maria am Gestade
von Dr. Adolf Zimmermann*

Der siebeneckige Turm

Der Legende nach wurde die kleine romanische Kirche im Jahre 882 als Gründung des Bistums Passau auf einem Steilabhang, eben jenem Gestade des früheren Hauptgerinnes der Donau errichtet. Einfach und schlicht wird sie gewesen sein, von Donauschiffern gebaut. Doch im Jahre 1262 gab es einen Stadtbrand, der Kirchenbau wurde zerstört, nach kurzer Zeit aber wieder aufgebaut. Ab 1332 erfolgte ein Neubau: Eine gotische Choranlage wurde errichtet und möglicherweise geländebedingt wich deren Achse von jener des Altbaus leicht ab. Das noch stehende romanische Langhaus wurde mit der Grundsteinlegung im Jahre 1394 durch ein hohes, schmales gotisches ersetzt, das im Jahre 1414 vollendet wurde. Der siebeneckige Turm steht als Bindeglied an der Nahtstelle zwischen Choranlage und Langhaus. Er ist mit seinem schönen durchbrochenen Maßwerkhelm seit 1428 ein markanter Blickpunkt in Wiens himmlischer Sphäre.

Aus der ursprünglichen Namensgebung der Kirche „Unsere liebe Frau auf der Gstetten“ (Böschung, Halde) wurde 1862 „Maria am Gestade“. Sie ist die älteste Marienkirche der Stadt und ihre Geschichte führt uns bis in die römische Vergangenheit Wiens zurück. In den nördlichen Fundamenten fand man römisches Mauerwerk. Vor der Kirche, auf dem Passauerplatz, glaubt man, eine römische Ausfallspforte und die Grundrisse militärischer Objekte identifiziert zu haben. Hier war ursprünglich ein gefährdeter Platz – ein Platz, den man schützen und sichern musste, denn jenseits der Donau lag ja schon germanisches Gebiet. Von hier aus setzten römische Soldaten über den Fluss, um Feindaufklärung oder Verhandlungen durchzuführen. An solchen Orten errichtete man Heiligtümer, um den Schutz der Götter zu erwerben, um sich ihnen anzuvertrauen und um dadurch eventuell sicherer und gestärkt agieren zu können. An der Kreuzung Wipplingerstraße/Schwertgasse fand man einen Altar, der dem römischen Gott Neptun geweiht war. Neptunus, dessen etymologisch nicht ganz geklärter Name vielleicht die Vorstellung von Feuchtigkeit ausdrückte, war der Gott des Süßwassers, bevor ihn eine Angleichung an Poseidon ihn auch zum Gott des Meeres werden ließ. Und Wasser gab und gibt es hier genug: Zur Zeit der Römer flossen der Ottakringer Bach und der Alser Bach außerhalb der römischen Stadtmauern der Donau zu. Jetzt fließen sie unterirdisch und kanalisiert in den Donaukanal. Die Donau selbst brachte nicht nur Lebenskraft und Schutz: Als unberechenbar, aus ihrem Flußbett tretend und verschlingend, lernten sie die Menschen an beiden Ufern kennen. Doch Gott Neptun konnte die Bevölkerung beschützen.

Im vierten Jahrhundert begann es im römischen Lager Vindobona mit dem Einsetzen der Völkerwanderung ungemütlich zu werden. Immer öfter und heftiger brachen Völkerscharen brandschatzend in das Lager ein. Die Römer sahen ihr Heil in der Flucht und zogen sich in den Süden zurück. Wie es häufig der Fall war, übernahmen nachfolgende Siedler die Kultstätten und christianisierten sie. So geschah es auch im Jahre 882 durch den Bau der kleinen romanischen Kirche auf dem Steilabhang. So erzählt es die Legende.

1. Der geheimnisvolle Knick

Einen besonders guten Blick auf den erkennbaren Knick der Kirchenachse haben Sie, wenn Sie von der Schwertgasse in Richtung Kirche kommen und etwas schräg in Richtung Süden vor der Westfassade stehen. Die Abweichung des Chorpolygons gegenüber der Langhausachse nach Süden beträgt immerhin zwei Meter. Zur Entstehung dieses ungewöhnlichen, seltenen Achsenknicks, der, wie man weiß, doch auch bei anderen Kirchen vorkommt, gibt es mehrere Vermutungen:

- ✦ Topographische Gegebenheiten: wie Steilabhang zum damaligen Donauufer, Platznot
- ✦ Spargründe: Man verwendete bereits bestehendes Mauerwerk.
- ✦ Als Jesus starb, so heißt es im Johannesevangelium, neigte er seinen Kopf, und sein Geist stieg auf. Die Choranlage wäre demnach hier als Haupt zu sehen und das Langhaus als Körper.
- ✦ bessere Raumakustik
- ✦ Vielleicht wurde während des Kirchenbaus bekannt, dass der Kalender des Julius Caesar gegenüber dem Naturjahr zwischen 900 und 1000 bereits um 5 Tage abwich. Vielleicht wurde deshalb eine Achsenkorrektur vorgenommen.

Das sind mögliche Erklärungen zum geknickten Äußeren der Kirche. Radiästhetische Gründe konnten von uns keine erkannt werden.
Die Kirche wurde noch nicht astronomisch vermessen.

2. Das einhüllende, gotische Glashaus als Ort der Kraft

Wenn wir die Kirche betreten, erkennen wir die Ausgewogenheit des Grundrisses nicht sofort, aber dennoch wirkt diese auf uns. Die Harmonie der Proportionen und die Symbolkraft der Zahlen sind das ordnende Prinzip heilender Orte.

Die Geheimnisse der zuweilen nicht erkennbaren Maße liegen in der Harmonie, sie sind im Bauton, im Urton, im Klang des Raumes zu finden. Sie geben uns das sichere Gefühl einer unwandelbaren höheren Ordnung. Das zeigt sich auch an den Düften: Es bleibt ein Geheimnis, wieso die Duftkomposition einer Rose immer gleich bleibt. Das feinstoffliche Mengenverhältnis der Duftstoffe bleibt immer dasselbe. Es gibt eine „Ordnung des Maßes als unwandelbares Gesetz auch in der Natur," schreibt Harald Jordan.

Können Sie sich hier Rosenduft vorstellen? Lieblich, weiblich, mütterlich? Ein Gefühl für Geborgenheit und Schutz kann uns hier sanft erfassen, vielleicht auch für kurze Zeit unsere weltliche Last entschwinden lassen. Wir werden in Marias Schutzmantel eingehüllt. Es mag aber durchaus sein, dass Sie diesen gar nicht brauchen. Vielleicht ist Ihnen auch das Kirchenschiff zu „eng" und bietet Ihnen nicht genug freien Raum. Die Fenster der Kirche sind für die gotische Zeit recht hoch angesetzt. So mögen die hohen Außenwände im schmalen Inneren den Schutzcharakter betonen, der noch durch das vierstrahlige Sternengewölbe vertieft wird. Die Fenster reichen bis in das Gewölbe hinauf. Um „himmlisches Licht" einfallen zu lassen, genügten die kleinen Fenster aus der Romanik nicht mehr. Die Scheiben waren nicht nur eine „Biblia pauperum", ein biblisches Bilderbuch für nicht Schriftkundige, dazu sind die Darstellungen, die zu meist dem Heilsgeschehen entnommen sind, vor allem in großer Höhe viel zu klein. Hier geht es vor allem um das diaphane, mystische, transzendente Licht, das in den Kirchenraum einfällt. Es galt als Quelle aller sichtbaren Schönheit, als eigentliches Sein, als Hintergrund aller sichtbaren Erscheinungen. Der Höhepunkt der biblischen Lichttheologie ist die Selbstaussage Jesu: „Ich bin das Licht, das in die Welt gekommen ist, damit jeder, der an mich glaubt, nicht in der Finsternis bleibt."

Bis in das späte Mittelalter verstand man das durchscheinende Licht der Glasfenster als „lumen de lumine", als Licht vom ewigen Licht, als den von Gottvater gesandten Christus. Der Sohn brachte durch sein Leben das Wort Gottes. Durch die Dar-

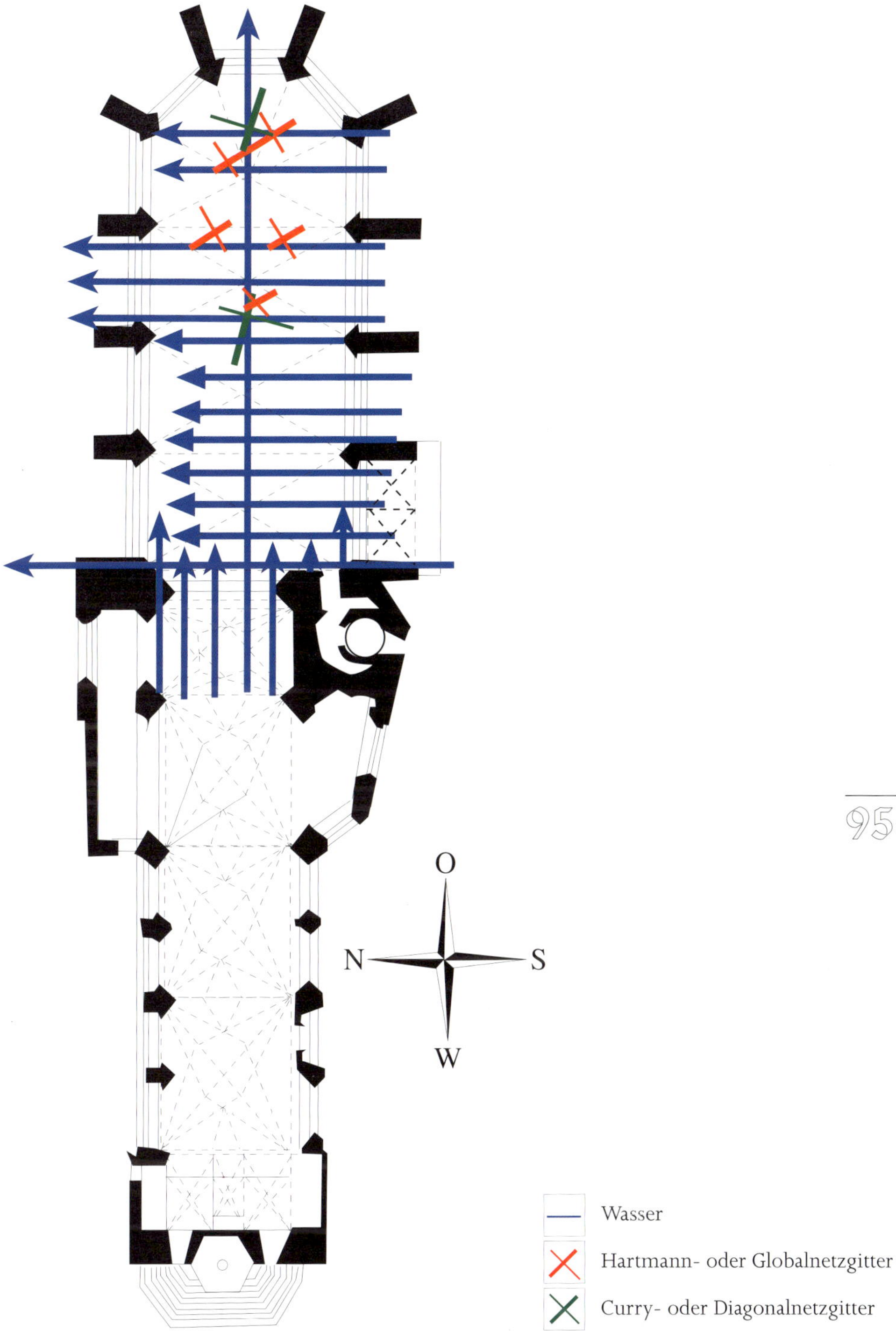
O
N
S
W
Wasser
Hartmann- oder Globalnetzgitter
Curry- oder Diagonalnetzgitter

stellung seines Lebens, des Heilsgeschehens, auf den Fenstern wird durch das einfallende Licht das Wort des Vaters durch die bunten Scheiben der Glasfenster „gefiltert“ und somit für die Menschen leichter annehmbar im Kirchenraum verteilt. Durch die Formen und Farben der Fenster und deren Licht können subtile Schwingungen eine Bereitschaft zur Transformation, zu einem Hinübergleiten in eine andere Dimension einleiten. Kirchenfenster sind zu allen Zeiten Mandalas, stille Aufforderungen zur Meditation gewesen, besonders die Rosettenfenster, die zumeist außen noch mit Maßwerk versehen sind, in dem sich die anstürmenden Dämonen verhängen sollten. Im Laufe der Zeit aber, als das Göttliche nicht mehr so im Mittelpunkt stand, änderten sich auch die Fensterthemen. Geometrische, vegetabile Darstellungsformen wurden bevorzugt. In der Kirche wurden die Restbestände der alten Glasmalereien in den vier Fenstern des Chores eingesetzt. Sie stammen größtenteils aus der Bauzeit des Chores und sind um die Mitte des vierzehnten Jahrhunderts zu datieren. Die Bildthemen zeigen einen alttestamentarischen, einen marianischen und einen christologischen Zyklus. Auch im Langhaus gibt es noch Scheiben aus dem fünfzehnten Jahrhundert mit Darstellungen aus dem Marienleben.

Ich kann Sie hier nicht durch die Kirche führen – das Absperrgitter hindert mich daran. Aber lassen Sie Ihre Blicke schweifen. Senken Sie bitte zuerst den Kopf und sehen Sie sich die alten roten Bodensteinplatten an. Die Kirchenbesucher sitzen hier auf unterirdischen Wasserläufen: Wir haben unter den roten Platten mehrere Wasserläufe gemutet: Das Wasser fließt Richtung Norden zum Donaukanal und in Richtung Chorbereich. Die Wirkung des unterirdischen Wassers zeigt sich bei einem längeren Aufenthalt – wie zum Beispiel während eines Gottesdienstes – in einer leichten Ermüdung des physischen Körpers. Dadurch kann die innere Besinnung, die Andacht und das Gebet gefördert werden.

Was gibt es im Westen zu sehen? Über dem Triumphbogen sehen Sie eine renovierte Inschrift, die auf eine private Stiftung im Jahre 1414 zurückgeht. Darunter beginnt der breite Chor mit seiner axialen Abweichung, der von unserem Standplatz nicht in seiner wahren Breite wahrgenommen werden kann. Der Hochaltar ist ein Werk der Romantik und stammt aus dem Jahre 1845/46. Das große Kruzifix ist eine spätgotische Arbeit, und die Madonnendarstellung dürfte im 17. Jahrhundert entstanden sein. An der Mensa befindet sich ein getriebenes Antependium mit den Evangelistensymbolen und dem Antlitz Christi.

Unsere radiästhetischen Mutungen ergaben für „Maria am Gestade“ folgenden Befund:

Ab dem Querschiff (Achsenknick) fließen 7 Wasserläufe Richtung Osten in den Chorbereich. Unter dem Altar und der Mensa gibt es mehrere Kreuzungen von Wasserläufen, ferner zwei Kreuzungen des Globalgitternetzes nach Hartmann und eine Kreuzung des Diagonalgitternetzes nach Curry. Unter dem vorderen Altartisch (Volksaltar) kreuzen sich zwei Wasserläufe und Diagonallinien. Die eher dynamischen Kreuzungen der Hartmannlinien sind hier nicht direkt unter dem Altartisch gemutet worden.

Wie können wir das interpretieren? Vielleicht so, dass hier durch die Kreuzung der Diagonallinien das Geistig-Kosmische betont wird. Dadurch kann hier eine innere Einkehr und eine Vergeistigung, die durch die verschiedenen Raumenergien und

Darstellungen ausgelöst wird, stattfinden.

Einladende Stille und Schutz bietet die Kirche Maria am Gestade: Erkenne Dich selbst, erkenne Dich selbst in der Geometrie, in den Formen, im Licht, meditiere, bete, ordne Dein Innenleben.

Marias fürsorgliche, barmherzige Nächstenliebe ist hier subtil gegenwärtig. Doch die Energie ist ausgeglichen: Männliche und weibliche Schwingungen verbinden sich hier. Sie können hier Entscheidungen treffen, wohin und wie Ihre Energien fließen sollen. Es wird hier das Herz-Chakra als Entscheidungsebene und das Hals-Chakra als Wende nach Innen angesprochen. Die Stimmung in der Kirche wird auch von mehreren Engelsdarstellungen mitgeprägt.

Links vom Hochaltar zeigt ein Tafelbild beispielsweise die Verkündigung an Maria durch den Erzengel Gabriel. Lassen wir unseren Rundgang mit dem diese Szene beschreibenden Gedicht von Rainer Maria Rilke ausklingen:

Du bist nicht näher an Gott als wir;
wir sind ihm alle weit,
aber wunderbar sind dir
die Hände benedeit.
So reifen sie bei keiner Frau,
so schimmernd aus dem Saum:
ich bin der Tag, ich bin der Tau,
du aber bist der Baum.

Ich bin jetzt matt, mein Weg war weit,
vergib mir, ich vergaß,
was Er, der groß in Goldgeschmeid
wie in der Sonne saß, dir künden ließ, du Sinnende,
(verwirrt hat mich der Raum).
Sieh: ich bin das Beginnende,
du aber bist der Baum.

Ich spannte meine Schwingen aus
und wurde seltsam weit;
jetzt überfließt dein kleines Haus
von meinem großen Kleid.
Und dennoch bist du so allein
wie nie und schaust mich kaum
das macht: ich bin ein Hauch im Hain,
du aber bist der Baum.

XIII. Treffpunkt Ruprechtskirche

Alles raubt uns der Tod,
nur was wir den Armen geben,
bleibt uns im Himmel hinterlegt.
Sankt Ruprecht

St. Ruprecht, die bis dato älteste Kirche der Innenstadt von Wien, liegt an der Nordostecke des ehemaligen römischen Legionslagers, direkt am Abbruch der Stadtterrasse zum heutigen Donaukanal. Die Kirche ist dem Salzheiligen Ruprecht geweiht worden, der die Salzschiffer auf ihren Donaufahrten beschützen sollte. Der heilige Ruprecht oder Rupert missionierte im siebten Jahrhundert im bayrischen Gebiet und gründete als erster Bischof von Salzburg eine Peterskirche und ein Frauenkloster. Er starb wahrscheinlich 716 in Salzburg. Die Überlieferung weiß, dass zwei Missionare und Weggefährten Ruperts, Cunald und Gisalrich, die Ruprechtskirche im Jahre 740 gründeten. Als wahrscheinlichste Zeit der Kirchengründung wird allerdings erst das frühe neunte Jahrhundert angenommen.

Die Kirchenachse wurde nicht auf den Sonnaufgang des Weihetages, den 24. September, ausgerichtet. Sie weicht nach Südosten ab. Aus praktischen Gründen wird man die Längswand der Kirche parallel zu der in unmittelbarer Nähe befindlichen römischen Lagermauer gebaut haben. Jedenfalls hat man auch römisches Mauerwerk in den Fundamenten entdeckt. Bei Ausgrabungen wurde eine kleine Merkurstatue gefunden. Möglicherweise stand hier ein römisches Kultheiligtum, dem Gott des Handels geweiht. Die Donau als Schiffsweg ermöglichte und begünstigte ja den Handel zu allen Zeiten.

Diese kleine, einfache, romanische Kirche wurde 1276 während eines nächtlichen Stadtbrandes beschädigt. Die Apsis wurde neu gebaut, der Turm erhöht und ein Seitenschiff im 14. Jahrhundert hinzugefügt.

1. Noch immer im Dienst: die ältesten Kirchenmauern Wiens

Die ältesten Teile der Kirche wurden im 12. Jahrhundert errichtet. Es sind die massiven Bruchsteinmauern des unteren Turmgeschosses und des Hauptschiffes. Diese ehrwürdigen alten Außenmauern des Hauptschiffes an der Südseite, dort, wo der Eingang ist, stehen nun im Kircheninneren. Sie sind durchbrochen von drei unregelmäßigen spitzbogig gewölbten Arkaden, denn um 1340 hat man an jener Flanke der Kirche noch ein Seitenschiff hinzugefügt. Aus Platzgründen konnte nie an den Bau eines nördlichen Seitenschiffs gedacht werden. Damit die Steine in das Bauwerke eingefügt werden konnten, wurden sie behauen. Die Steinmetze und die Maurer haben sich selbst gerne als „behauene Steine" betrachtet. Sie waren nicht mehr „roh", sie hatten ihre Form und Ausrichtung erhalten. Schon bei archaischen Bauwerken wurden die inneren Gesteinsschichten der Steinbrüche, die nicht der Verwitterung ausgesetzt waren, für den Bau bevorzugt. Den rohen Stein betrachtete man als Zwitter. Man polarisierte diesen Zwitter zum Beispiel mit dem Schlag eines Hammers. Nun konnte man die Polarität des Steins mit dem Pendel oder allein durch Feinfühligkeit feststellen. Der negative Pol (-) kam beim Bau nach außen zu liegen, der positive (+) zeigte ins Innere. Dies ähnelt dem Prinzip der Abwehr bei den Außenfassaden der alten Kirchen.

2. Einstimmung

Lassen Sie sich inspirieren von der schlichten Klarheit des Raumes. Hilfreich können dabei, auch für eine Erweiterung des Bewusstseins, die alten Zeichen und Gebärden sein: ein Stehenbleiben, ein Sichausrichten und Grüßen vor dem Altar, ein Sichbekreuzigen. Das Kreuzzeichen ist die Bitte um Heiligung durch Gott: Es gibt das schlichte Kreuzzeichen auf die Stirn. Drei Kreuze auf Stirn, Mund und Brust sollen unser Bewusstsein, unsere Sprache und unser Herz heiligen. Das sogenannte „große" Kreuzzeichen umfasst den ganzen Körper.

Eine Einladung zum Verweilen ist in jedem Gotteshaus gegenwärtig. Geben Sie nun Ihrem Gefühl Raum, und Sie werden Ihren persönlichen Platz der Kraft innerhalb dieser Mauern finden.

3. Außen: steinernes Bollwerk Innen: menschliche Freiheit, Akzeptanz und Liebe

Haupt- und Seitenschiff von St. Ruprecht

Oft werden die Grundrisse der Kirchen mit den Körperformen des Menschen verglichen, die analog den menschlichen ener getischen Bereichen – gemeint sind damit wieder die Chakren – wirken können. Beim Betreten der Kirche sind wir im Bereich des Wurzel/Fuß- und des Sexual/Sakral-Chakras. Sehr oft stehen hier die Taufbecken. Der zu taufende kleine Erdenbürger soll geerdet durch das Leben schreiten, dies bedeutet, er soll durch Urvertrauen gestärkt sein, den eigenen Körper lieben, das Leben absichern können und den passenden Weg zwischen Aktivität und Passivität finden. Beim Sexual-Chakra geht es um die Sexualität und die Beziehungsfähigkeit, um die sozialen Kontakte, um die sinnlichen Erfahrungen und um das Erleben von Freud und Leid. In St. Ruprecht werden Sie das Taufbecken leider hier nicht finden; es hat seit der letzten Renovierung einen neuen Standort im südlichen Chor bekommen. Geht man im Mittelschiff nach vorne, so gelangt man zum Nabel- und Herz-Chakra. Hier wird die Kommunion, das „Mahl der Liebe" am Tisch des Herrn, gespendet. Zu den Hauptthemen dieses Chakras gehört auch noch das Sichöffnen und das Verzeihen. Das Nabel-Chakra drückt die menschlichen Energien und Leidenschaften und deren Gestaltung aus. Im Chorbereich liegt das Hals-Chakra, darauf folgt das Stirn-Chakra oder das „Dritte Auge" und beim Altar das Kronen-Chakra. Der Chorbereich ist der ideale Platz um die Firmung (Konfirmation), den Geist Gottes zu empfangen. Diese drei Chakren werden als die oberen Chakren bezeichnet, und das Hals-Chakra ist das erste von den dreien, welches an der Trinität von Körper-Seele-Geist mitwirkt und schöpferisch das Wort und die

Absichten der Seele unterstützt. Im Stirn-Chakra laufen die gedanklichen Vorstellungen und abstrakten Ideen ab. Hier sind Intuitionen möglich. Und das letzte Chakra, es wird als Kronen-Chakra bezeichnet, liegt an der höchsten Stelle des Kopfes, an der Fontanelle. Es symbolisiert das höchste Bewusstsein. Wenn dieses Chakra geöffnet ist, fühlt man sich befreit, weil man nicht mehr wertet. Es ist der Mensch, der sowohl Herr seiner selbst ist und auch zugleich einen höheren Willen verkörpert.

Für unseren Zusammenhang ist eine Äußerung Michelangelos wesentlich: „*Der Mensch ist harmonikal geordnet...und daher ist es gewiss, dass die Glieder der Architektur von denen des Menschen abhängen!*" Weil der Mensch selber harmonikal proportioniert ist, gilt in der Architektur das Resonanzgesetz. Bewegt sich ein Mensch in harmonikal gestalteten Gebäuden, so wird er durch den Widerhall geordnet. „Harmonikal geordnete Räume sind befriedende Räume, denn sie ordnen die Chakren und beruhigen sie damit. Ein wohlgeordneter Raum bringt die Energiefelder eines Menschen in Harmonie", schreibt Harald Jordan.

Das wohlgestaltete, harmonische Mittelschiff von St. Ruprecht ist ohne Empore doppelt so lang wie breit. Es wurde durch den Zubau des südlichen Seitenschiffes erweitert. Für ein nördliches Seitenschiff fehlte ganz einfach der Platz, denn auf dieser Seite beginnt der Abhang zum heutigen Donaukanal. Die Seitenschiffe können mit den menschlichen Seitenachsen und mit ihren Energien verglichen werden, nämlich mit dem Fuß-, dem Hand- und dem Kniechakra. Diese Chakren sind Nebenchakren und polar geordnet. Sie verkörpern die Eigenschaften:

Rechts und links,
männlich und weiblich,
gebend und nehmend.

Die Fußchakren befinden sich unter den Fußsohlen. Sie haben eine einsaugende Funktion und Wirkung, und durch sie strömen die ätherischen Kräfte der Erde in den Menschen ein. Die Menschen befinden sich ununterbrochen in einer mehr oder weniger starken ätherischen Aufnahmesituation durch die Sohlen-Chakren. Diese Energien werden durch die Knie-Chakren weitergeleitet. Fußwaschungen und Salbungen haben kultische Bedeutung: Die ätherischen Substanzen der Öle und Salben stimulieren die Chakren und beleben die Füße. Die Wirkung kann ein „gutes Gehen, eine gute Bodenhaftung" sein. Die Knie-Chakren haben die Aufgabe eines Transformators, nämlich Energien zu dosieren und weiterzuleiten. Oft sind diese Chakren aber nicht in Funktion. Wenn wir die Hand-Chakren betrachten, so hat das Chakra der linken Hand eine einsaugende Wirkung, das der rechten Hand hingegen eine ausstrahlende. Der Handgruß, das Handauflegen und der Segen mit der Hand sind von wichtiger Bedeutung. Ebenso die Oranten-Haltung der Priester. Dies ist ein Gebetsgestus, bei dem die Arme und Hände ausgebreitet sind und die Handflächen nach außen zeigen.

Die Harmonie der Architektur, die Wohlgestalt des romanischen Mittelschiffes wurde hier in St. Ruprecht durch den Zubau des südlichen Seitenschiffes einseitig erweitert. Ist das der Grund, warum man hier zu einem Schritt aus der Geborgenheit angeregt wird, zum Beschreiten neuer, vielleicht nicht ganz einfacher Wege, um den Menschen offener und bedingungsloser zu begegnen?

Einige Beispiele scheinen das nahezulegen:

✦ Seit 1998 umsorgt der Rektor der Ruprechtskirche mit einer speziellen seelsorglichen Begleitung gleichgeschlechtlich empfindende Menschen. Die menschenfreundliche und befreiende Praxis Jesu wird hier gelebt.

✦ Ein Dialog mit Künstlern und ihren Werken wird von der Kirchengemeinde von St. Ruprecht auch in der Kirche selbst geführt. Das Gotteshaus ist Treffpunkt für diesen Dialog als Ausstellungsraum für Sehende, als Verweilraum für Hörende. Wir haben hier ein Kirchenschiff, in dem eine aktive Auseinandersetzung des Glaubens mit Kunst in ihren verschiedensten Ausrichtungen stattfindet.

✦ Auch früher gab es hier einige außergewöhnliche Bruderschaften: Im 16. Jahrhundert die Bruderschaft der Salzer, die jedoch wegen ihrer lutherischen Gesinnung unter Kaiser Ferdinand II. aufgelöst wurde, sowie eine Allerseelenbruderschaft, die um das Wohl aller bedacht war. Heute ist St. Ruprecht die Ordenskirche der Ritter des Hl. Grabes in Jerusalem.

4. Radiästhetische Mutungen

Für die radiästhetischen Mutungen wurde im romanischen Langhaus und im Seitenschiff vor und zwischen den Restaurierungsarbeiten im Jahr 1997 gearbeitet. Bemerkenswert sind auch hier die Ergebnisse: 16 *unterirdische Wasserläufe durchqueren das gesamte Kirchenschiff. Die Flussrichtung ist Nord-Süd. Im Haupt- und Seitenschiff fließt jeweils in der Mitte ein Wasserlauf in östliche Richtung, parallel dazu verlaufen Linien des Diagonalnetzes (nach Curry). Auch entlang der Außenmauern, sogar dort wo die ehemalige alte Bruchsteinmauer stand, wurden wir mit Currylinien fündig. Die beiden Altartische stehen jeweils auf Kreuzungen von Wasserläufen, des Globalnetzgitters (nach Hartmann) und des Diagonalnetzgitters (nach Curry). In der Apsis des Mittelschiffes, vor den Stufen, wurde nochmals dieselbe Kreuzungskombination gemutet, genauso beim Reliquienschrein des hl. Vitalis. Beim nördlichen Mauervorsprung (Pfeiler) des Triumphbogens wurde eine Kreuzung zweier Beredsamkeitslinien entdeckt. Das wäre ein guter Platz für ein Lesepult.*

Im Mittelschiff zeigen die modernen Glasfenster alttestamentarische Szenen der Errettung von Männern in Not: „Daniel in der Löwengrube“, „Jonas mit dem Fisch“ und „Die drei Jünglinge im Feuerofen“. Es ist hier die männliche Opferbereitschaft in den Fenstern dargestellt, ebenso der Opfertod Christi am großen Kruzifix in der Mitte. Diese Darstellung wirkt bedrückend und eigentlich nicht erlösend.

Das alte, romanische Mittelschiff vermittelt männliche Opferbereitschaft und eine wohltuende Klarheit ohne jegliche Spur von Mystik. Möglicherweise ist das Energiemilieu der behauenen Steine im Laufe der Jahrhunderte durch die männlichen Bruderschaften geprägt worden. Die Darstellungen in den Fenstern im Seitenschiff wurden nach Gedichten des Kirchenrektors Pater Joop Roeland entworfen. Es ist ein diaphanes „Lob der Schöpfung Gottes“, und es werden wunderbare, grenzenlose Begegnungen der unterschiedlichsten Art gezeigt. Von Osten nach Westen sind zu sehen: die Erde und die Gestirne, Licht und Wasser, Morgenstern, Sonne, Mond, Begegnung mit Gott, Begegnung mit den Menschen. *In der Seitenachse ist eine Offenheit und eine sanfte Ökumene anzutreffen. Durch diese Milde und Sanftheit der Südseite führt der Weg zum kraftvollen, männlichen, opferbereiten Mittelschiff. St. Ruprecht ist so ein Treffpunkt für alle.*

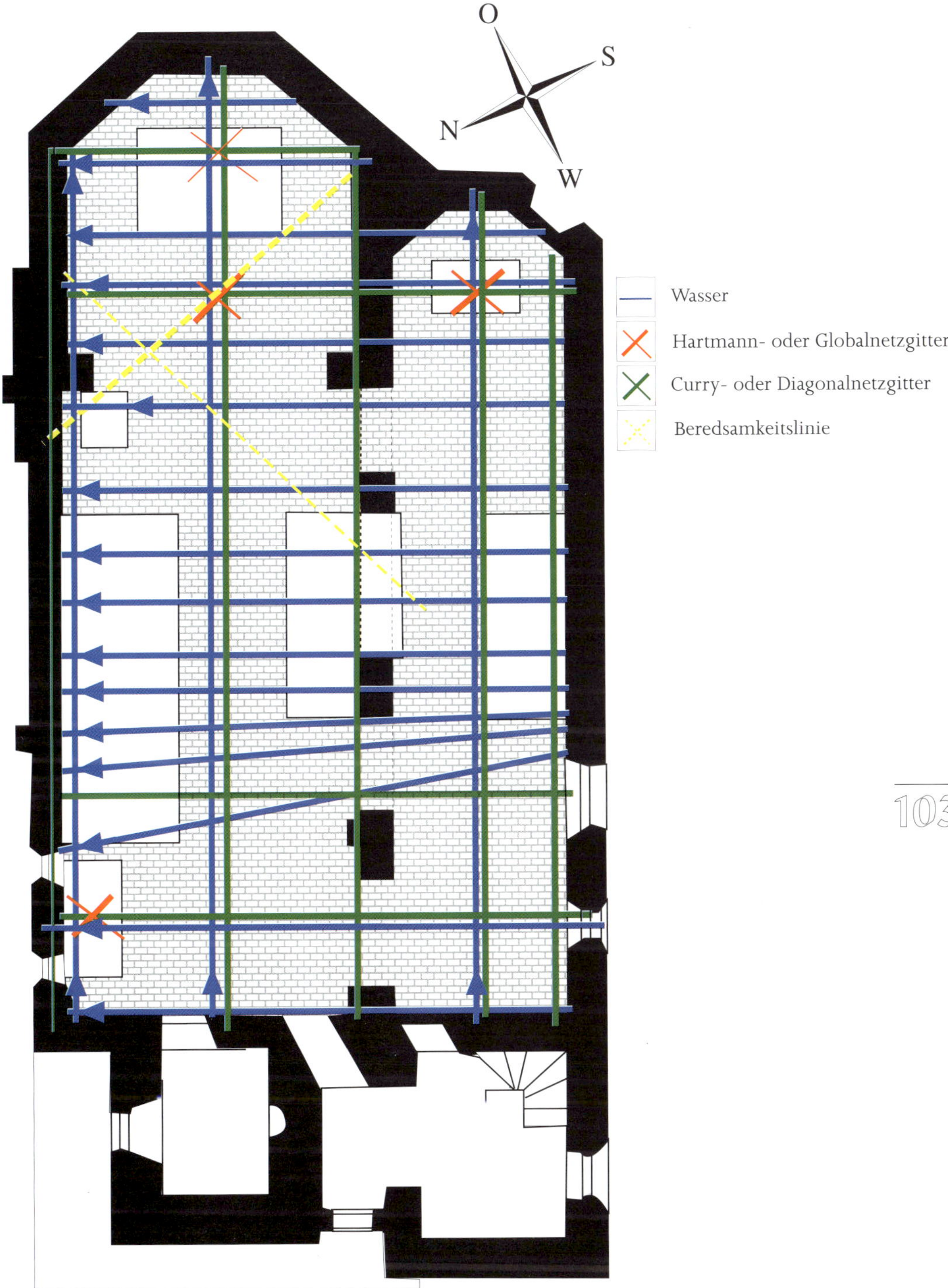
O
S
N
W
Wasser
Hartmann- oder Globalnetzgitter
Curry- oder Diagonalnetzgitter
Beredsamkeitslinie

5. Nutzen und Schaden von Renovierungsmaßnahmen

In den Jahren 1997/1998 wurden in der Kirche verschiedene Renovierungsarbeiten durchgeführt. Es bestand akute Gefahr für die Bausubstanz durch Feuchtigkeit, daher mussten Sanierungsmaßnahmen durchgeführt werden. Unter anderem wurde auch eine elektrische Wandheizung im Altarbereich installiert und eine Bodenheizung (Heizschlangen) um den Altartisch gelegt. Des weiteren sorgt nun ein Mikrofon für das leichtere Hören der Stimme des Priesters in dem kleinen Kirchenraum. Das Taufbecken (entstanden um 1500) steht nun nicht mehr am alten Platz beim Eingang, wo es eigentlich hingehört. Die sensiblen Orte eines Sakralbaues sollten bei Baumaßnahmen unbedingt berücksichtigt werden. Sie haben Entsprechungen, achten wir sie nicht, so ersticken wir sie, verlegen wir sie, so ruinieren wir sie.

Hybris

Wir sind nicht mehr die gleichen.
Uns ätzte das Leben leer.
Es gibt keine mystischen Zeichen.
Es gibt kein Geheimnis mehr.
Wir treiben durch luftlose Räume,
Erloschenen Angesichts.
Die Nächte verweigern uns Träume,
Die Sterne sagen uns nichts.
Wir haben den Himmel zertrümmert.
Das Weltall umklammert uns kalt.
Der Tod lässt uns unbekümmert.
Wir haben Gewalt.

Dagmar Nick

XIV. Die unterirdische Virgilkapelle

... und meine Seele spannte
weit ihre Flügel aus,
Flog durch die stillen Lande,
Als flüge sie nach Haus'.
Josef Freiherr von Eichendorff

Ein irischer Pilger namens Koloman wurde auf seinem Weg ins Gelobte Land in Stockerau bei Wien aufgegriffen und der Spionage verdächtigt. Da diesem Mann keine diesen Verdacht bestätigenden Aussagen zu entlocken waren, begann man ihn zu foltern. Aber auch das führte zu keinem Geständnis, und so knüpften sie ihn an den nächsten Baum. Und da passierten Wunder: Die am Baum hängende Leiche verwest nicht. Ein Jäger stößt ihm seinen Spieß in die Seite. Blut fließt und fällt auf den steinigen Boden darunter. Und plötzlich beginnen hier Rosen zu blühen. Überall dort, wo das Blut den steinigen Boden tränkte, blühten Rosen.

Man eilt daran vorbei – geschäftig vorwärts drängend und weiß nichts vom Bauwerk in der Tiefe der Stadt. In der U-Bahn-Passage St. Stephan ist es möglich, durch Glasscheiben einen Blick auf einen unterirdischen Raum zu werfen. Diesen Raum, genauer handelt es sich um eine Kapelle, die auch ein *Ort der Kraft* ist, wollen wir besuchen. Die Entstehungsgeschichte dieser Kapelle ist noch nicht ganz geklärt. Eine alte Stadtansicht im Vorraum der Virgilkapelle aus dem Jahre 1609 nach Jakob Hoefnagel zeigt an verschiedenen Stellen des Stephansplatzes heute nicht mehr bestehende Gebäude. Durch die U-Bahn-Arbeiten im Jahre 1972 bot sich für das Bundesdenkmalamt die seltene Möglichkeit, großangelegte Grabungen im Bereich Kärntnerstraße-Stephansplatz durchzuführen. Für die archäologischen Untersuchungen wurden unter anderem die Teile des Stephansplatzes ausgewählt, wo man nach dieser alten Stadtansicht Funde erwarten konnte, und wo man hoffte, Reste jener Friedhofskapelle zu finden, welche Maria Magdalena geweiht war.

1. Die Geschichte der Virgilkapelle

Bis zum Jahre 1732 war die Stephanskirche von einem Friedhof umgeben. Dieser war eine der beliebtesten und renommiertesten unter allen Wiener Begräbnisstätten. Die Häuser der anwachsenden Stadt rückten immer näher an die Friedhofsmauern, und die Bestrebungen, den Friedhof aufzulösen, verschärften sich im achtzehnten Jahrhundert zusehends, denn zu eng wurde der Platz für die Toten. In und unter der Stephanskirche, auch im Karner unter der Friedhofskapelle ruhten sie, und der Friedhof war somit schon lang überbelegt. Man fürchtete Grundwasserverseuchung, Ansteckungsgefahr und den üblen Fäulnisgeruch (Miasma), wenn der Sommer in die Stadt einzog. Anno 1733 wurde aus diesen Gründen der Gottesacker von St. Stephan geschlossen. Die Bestattungen in den Katakomben des Domes wurden aber fortgesetzt. Und es kam daher nicht ungelegen, als die alte Friedhofskapelle von St. Stephan, die Maria-Magdalena-Kapelle, die 1378 erstmals genannt wurde, im Jahre

1781 abbrannte. Sie wurde damals nicht mehr aufgebaut. Überraschenderweise entdeckte man bei den Ausgrabungen 1972 an der Stelle der ehemaligen Maria-Magdalena-Kapelle einen unterirdischen Raum, der vom Schutt befreit als Sakralbau zu erkennen war. Er ist der älteste und tiefste Teil des Maria-Magdalena-Komplexes. Diese unterirdisch gelegene Virgilkapelle soll von etwa 1230 bis 1245 gebaut worden sein. Bevor wir uns dem Bau widmen, einige Gedanken und Informationen zum damals regierenden Herrschergeschlecht, den Babenbergern, die von 976 – 1246 als Landesfürsten regierten.

Herzog Leopold VI., der Glorreiche, der 1230 starb, war mit der byzantinischen Prinzessin Theodora verheiratet. Eine Folge dieser Ehe war ein bedeutender byzantinisch-orientalischer Kultureinfluss auf die verschiedensten Bereiche der babenbergischen Herrschaft. Leopold VI. verstand es, seine Länder während seiner Regierungszeit von äußeren Feinden frei zu halten. Er beteiligte sich aber an militärischen Unternehmen im Dienste der Religion: 1212 zog er gegen die Albigenser und Mauren und ab Jänner 1217 blieb er gar 18 Monate wegen eines Kreuzzuges der Heimat fern. Tapfer führte er dabei die Johanniter, den Deutschen Ritterorden und die Templer an. In Wien schenkte Herzog Leopold VI. der Hospitalsbruderschaft, bekannt als Deutscher Ritterorden, das Areal des heutigen Deutschen Hauses hinter St. Stephan. Ob er auch den Templern etwas gegeben haben könnte, darauf wollen wir weiter unten zu sprechen kommen. Leopold VI. großer Wunsch und Anliegen war es, für Österreich ein eigenes Landesbistum zu schaffen. Diese Bestrebungen waren aber erfolglos und scheiterten am Einspruch der Bischöfe von Passau und Salzburg. Sein Sohn Friedrich II., der Streitbare, ging hier forscher vor und setzte ganz einfach Schritte, die auf eine Loslösung Österreichs vom Bistum Passau abzielten. Er begann mit dem Neubau von St. Stephan und bestellte den heiligen Koloman zum Diözesanpatron von Wien. Zu diesem Zweck sollten dessen Reliquien aus dem Stift Melk nach Wien überführt werden, eine im Mittelalter durchaus übliche „translatio". Wien wäre durch die heiligen Knochen im Rang erhöht worden, was die Loslösung vom Bistum Passau erleichtern sollte. Papst Innozenz erließ 1245 eine Bulle, die Herzog Friedrich II. ermächtigte, die Reliquien an die neue Stätte der Verehrung – nach Wien – zu überführen. Und wahrscheinlich hat der Herzog bereits den Bau des unterirdischen Nischenraums als Krypta für die sterblichen Überreste des Heiligen beauftragt. Doch eigenartiger Weise wurde dieser ungewöhnliche Bau in den Quellen des dreizehnten Jahrhunderts nicht erwähnt. Die geplante Überführung fand nie statt, denn der Tod des streitbaren Herzogs im Jahre 1246 in der Schlacht an der Leitha verhinderte alle sorgsam eingefädelten Pläne für die Errichtung eines Wiener Bistums.

2. Im Schoße der Mutter Erde

Der Boden der Virgilkapelle liegt rund 12 m unter dem Stephansplatz. Die Raumhöhe konnte mit etwa 13 Metern aus den Gewölbeansätzen rekonstruiert werden. Das bedeutet, dass zur Erbauungszeit, da die später darüber errichtete Maria-Magdalena-Kapelle noch nicht bestand, die unterirdische Kapelle etwa einen Meter aus dem Boden herausragte, so dass sie durch spärliches Tageslicht von hochliegenden Fenstern beleuchtet wurde. Vermutlich war sie mit einem Flachdach gedeckt. Der oberirdische Teil scheint nach und nach erweitert und aufgestockt worden zu sein, bis schließlich die erwähnte Friedhofskapelle entstand. Die Wände sind eineinhalb Meter stark und bestehen aus Kalkbruchsteinen und angespitzten Eckquadern, die mit Mörtel verbunden sind. Ob Steinplatten den früheren Lehmstampfboden bedeckten, konnte nicht mehr festgestellt werden. Der Grundriss des Raumes ist außergewöhnlich: Er ist durch sechs abgerundete Nischen charakterisiert, je zwei an den Längsseiten und je eine an den Schmalseiten, von denen die beim heutigen Eingang liegende Nische abgetragen wurde. Vor der Ostapsis wurde ein runder, mit Bruchsteinen ausgekleideter Brunnen gefunden, der etwa einen Meter tief in die Erde führt und noch zu sehen ist. Überreste eines weiteren Brunnens wurden in der nicht mehr vorhandenen Westapsis entdeckt. Wozu brauchte man zwei Brunnen, zwei Zisternen? Und wie gelangte man früher in diesen Raum hinunter? Die Zugangsfrage konnte nicht eindeutig geklärt werden. Angenommen wird eine Falltür im Fußboden der später darüber errichteten Maria-Magadalena-Kapelle. Verschiedene Quellen beschreiben den Komplex der Maria-Magdalena-Kapelle als dreigeschossig: im Schoß der Mutter Erde die heutige Virgilkapelle, dann ein eingezogenes, niedriges Zwischengeschoss, welches als Beinhaus (Karner) verwendet wurde, und darüber die eigentliche Friedhofskapelle.

3. Die astronomische Vermessung

Mehrere Astronomen haben Ende Dezember 1980 die Ausmessung des Azimuts der Achse der Virgilkapelle vorgenommen. Das Ergebnis zeigt, dass die Orientierung der Achse mit einer ziemlichen Genauigkeit auf den Sonnenaufgangspunkt des 13. Oktober im Zeitraum von 1235 bis 1245 nach dem julianischen Kalender weist.

Am 13. Oktober wird das Translationsfest des heiligen Koloman gefeiert, dessen sterbliche Überreste an diesem Tag des Jahres 1014 vom Ort seines Martyriums in das Stift Melk überführt wurden. Eine Krypta sollte es also werden, eine verborgene unterirdische Grabanlage für den Märtyrer Koloman, dessen Gebeine aber nie nach Wien kamen. (Die Bezeichnung Virgil-Kapelle leitet sich von einem der Altäre ab, der dem hl. Virgilius geweiht war. Aus einem Dokument aus dem Jahre 1307 wissen wir, dass die Kapelle verschiedenen Heiligen, unter anderem auch dem hl. Virgilius geweiht war.)

4. Geheimnisvolle Vermutungen

Die Tempelritter, die „Arme Ritterschaft Christi vom salomonischen Tempel zu Jerusalem", einer der großen Ritterorden, der zur Zeit der Kreuzzüge 1119 gegründet wurde, hatte auch in Wien Niederlassungen. Die ersten Templerexpositionen in Wien dürften bereits um 1200 gegründet worden sein. Auf dem Areal des 1226 gegründeten Dominikanerklosters stand möglicherweise ein Ordenshaus der Templer (Martinskapelle), das Herzog Leopold VI. verlegt haben soll. Vielleicht war der Bau des unterirdischen Nischenraumes auch für die Tempelritter vorgesehen. Gedeckt war der Raum mit einem Flachdach, zugänglich war er nur über Strickleitern. Er bot so durch seine Anlage Schutz vor unerwünschten Beobachtungen. Wenn die Templer den Raum nützten, was machten sie hier, zu welchen Zwecken konnten sie den Raum verwenden? Durch die Ausnützung unterschiedlicher Arten des Lichteinfalls könnten beide Brunnen oder Zisternen für astronomische Zwecke benützt worden sein. Möglicherweise spiegelten sich die Sterne und die Planeten im Wasser – analog einer ähnlichen Kultstätte auf der Burg Lockenhaus im Burgenland, wo die Templer ebenfalls tätig gewesen sein sollen. Dass sie hier u.a. Forschungen zur Sternen- und Planetenkonstellation durchführten, könnte angenommen werden. Der Templerorden wurden 1307 in Frankreich mit verschiedenen Vorwürfen konfrontiert. Die Ritter wurden verfolgt, verhaftet und der Ketzerei für schuldig gefunden. Schließlich wurde der Orden 1312 durch Papst Clemens V aufgelöst. Ein Großteil der Ordensgüter kam an die Johanniter. Die Grundrechte der Johanniter in der nächsten Nähe der Virgilkapelle, die sich auf das Areal des heutigen Churhauses, Stephansplatz 3, bezogen, könnten so noch von den Templern stammen. Noch ein Zusammenhang fällt auf: Vor dem Bau des Churhauses (1740) stand auf diesem Platz die bedeutendste österreichische Lehranstalt des Mittelalters, die Bürgerschule zu St. Stephan, die bereits 1237 offiziell dem babenbergischen Landesfürsten Friedrich II. unterstand. Nur hier und in keiner anderen Schule durfte bis in das ausgehende Mittelalter das Quadrivium gelehrt werden. Dies umfasste die mathematischen Künste Arithmetik und Geometrie sowie Astronomie und Musik.

In diesem Zusammenhang darf man spekulieren und Fragen stellen:

- ✦ War der unterirdische Raum vielleicht ein Observatorium bevor er zur Kapelle wurde?
- ✦ Lehrten die Templer eine oder mehrere der mathematischen Künste?
- ✦ Gab es hier einen vorchristlichen, unterirdischen Kultplatz eines Erdmutterkultes?
- ✦ War es ein Fruchtbarkeitskultplatz mit „Fruchtwasser“ (die zwei Brunnen) im Schoße der Mutter Erde? Manche Geomanten bejahen dies.
- ✦ Wurde dieser unterirdischen Höhle durch die astronomischen Fähigkeiten der Templer eine spezielle Ausrichtung gegeben?

Interessant ist in diesem Zusammenhang auch der Namenspatron der Kapelle, der hl. Virgil (er starb 784), der als „Geometer“ bezeichnet wurde. Er vertrat die „Antipodentheorie“ (Gegenfüßler), die besagte, dass auf der anderen Seite der Erde ebenfalls Menschen leben. Diese These wurde jedoch strikt abgelehnt, denn irgendwo musste ja auch der Teufel zuhause sein.

Erwähnenswert ist auch die schon sehr frühe Sonnenuhr von St. Stephan auf der Südseite des Doms. Sie wird auf das Jahr 1451 datiert und ist eine frühe Polstabuhr. Der Schattenstab verläuft parallel zur Erdachse. Man wusste damals schon längst, dass die Erde eine Kugel ist. Die Virgilkapelle und die Templer – dieses Kapitel bleibt bis auf weiteres ungeklärt und offen.

5. Symbolische Vereinigung

Blick in die Virgilkapelle

In allen Nischen der Virgilkapelle befinden sich im oberen Bereich der Wände ochsenblutfarbene Radkreuze, die mit geometrischen Ornamenten umgeben sind. Der Kreis ist das einfachste Sinnbild des In-sich-Geschlossenen, des Grenzenlosen, Ewigen, des Göttlichen. Dazu gib es eine mittelalterliche Darstellung der Genesis: *Ein waagrechter Strich in der Mitte des Kreises stellt die Erde mit dem Himmelsgewölbe dar, ist der Kreis vertikal geteilt, bedeutet dies Sonne und Mond, Tag und Nacht. Sind die beiden Zeichen übereinandergelegt, findet eine Durchdringung, eine Vereinigung von Erde und Licht statt: Das Radkreuz ist das Symbol des Lebens und des Kosmos.*

Als Symbol der Vereinigung kommt es bereits bei den Sumerern im alten Indien und im donauländischen Neolithikum vor. Das Radkreuz findet sich als kosmisches Zeichen für die Sonne und ihren Lauf. Die vier Segmente deuten die vier Himmelsrichtungen an, denen auch die vier Erzengel zugeschrieben werden. Es vereint in seinem Kreis auch die vier Elemente Feuer, Wasser, Erde und Luft und es gilt des Weiteren auch als antikes Heils- und Schutzzeichen. Das große Radkreuz in der Zentralnische ist mit dicken Fischgrätmuster-Kränzen umgeben, die Drehbewegungen nach links und rechts darstellen. Eine ähnliche Darstellung dieser Kreuzform ist im Heiligenschein Jesu Christi im Tympanon des Riesentores zu finden. Auch dort hat der 4. Bogen des Tympanons ein Fischgrätmuster. Vielleicht wird durch diese auseinanderlaufenden Drehbewegungen angedeutet, dass die persönliche Lebensrichtung vom einzelnen Menschen wählbar ist. Rechts- und linksdrehend, gebend und nehmend. … und wenn die Einwohner von Ninive nicht „zwischen rechts und links" zu unterscheiden wissen, dann erkennen sie nicht den Unterschied zwischen Recht und Unrecht. (Jon 4,11) Zur Ruhe gekommen, stabilisiert im vorletzten Kranz, wird die kosmische, göttliche Energie durch nach außen gerichtete Dreiecke an den letzten Kranz abgegeben. In den vier kleineren Nischen sind die Radkreuze verschieden gemalt. Vielleicht sind es Darstellungen der vier Evangelisten, denen die vier Elemente als Manifestation Gottes zugeschrieben werden: Matthäus wird in Beziehung zum Element Luft gesetzt, das ihm zugeordnete Tierkreiszeichen ist das des Wassermannes. Feuer ist das Element des Markus, sein Tierkreiszeichen ist der Löwe. Lukas steht in Beziehung zur Erde, sein Zeichen ist der Stier. Und Johannes wird zum Wasser gestellt, sein Tierkreiszeichen ist der Skorpion.

6. Mutungen

Auch in der Virgilkapelle haben wir gemutet und folgenden radiästhetischen Befund erstellt: Entlang der Längsachse der Kapelle fließt unter dem nicht verbauten, östlichen Brunnen in Richtung Osten Wasser. Ebenso durch die Mitte der beiden Nischen rechts und links. Des Weiteren wurden fünf Wasserläufe mit Fließrichtung Norden gemutet: zwei in der Zentralnische, zwei nach dem Eingang und einer ungefähr in der Mitte der Kapelle.

Die Kreuzungspunkte des Diagonalgitternetztes sind hier alle aufladend und energiespendend, beim Globalnetzgitter sind sie zumeist positiv.
Unsere energetischens Mutungen zeigten, dass die Energiequalitäten hier sehr hoch sind, sie sind lebensfördernd und inspirierend. Es wird hier ein Akupunkturpunkt einer Leylinie angenommen, jedenfalls gibt es hier einen starken, intensiven Austausch von kosmischer (göttlicher) und irdischer Energie.

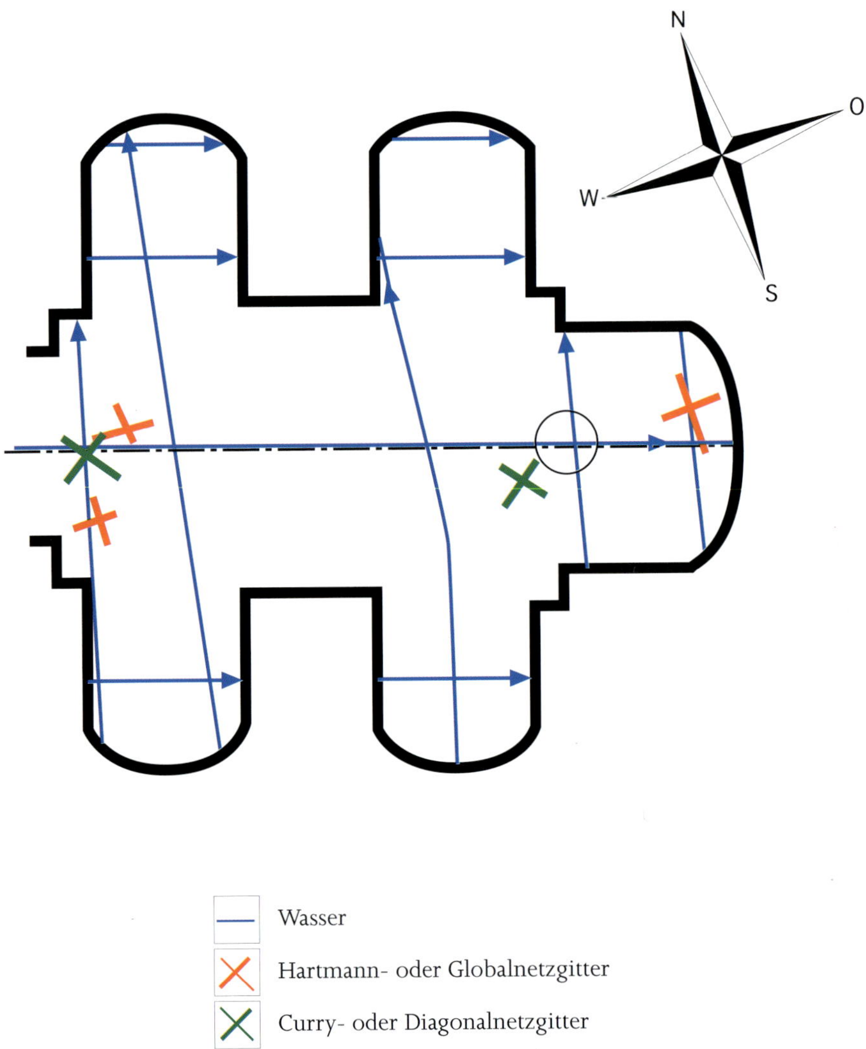

Die Kapelle ist ein Raum, der einem das Gefühl des Nach-Hause-Kommens vermittelt, in dem man die Unruhe ablegt und unter die „göttliche Dusche“ gehen kann. Hier kann die menschliche Ich-Bezogenheit verdrängt werden. Es ist ein Ort der Hingabe, wo man sich des kosmischen oder des Heiligen Geistes bewusst werden kann, was eine Hinwendung zur Transzendenz und eine intuitive Gewissheit bewirkt.

Zum Abschluss mögen an diesem stark energetischen Ort die Worte einer Neuübersetzung des Vaterunsers aus dem Aramäischen, der Sprache Jesu, den Raum erfüllen:

O Gebärer(in)! Vater-Mutter des Kosmos.
Bündle Dein Licht in uns – mache es nützlich:
Erschaffe Dein Reich der Einheit jetzt.
Denn eines Verlangen wirkt dann in unserem -
wie in allem Licht, so in allen Formen.
Gewähre uns täglich,
was wir an Brot und Einsicht brauchen.
Löse die Stränge der Fehler, die uns binden,
wie wir loslassen, was uns bindet
an die Schuld anderer.
Lass oberflächliche Dinge uns nicht irreführen,
sondern befreie uns von dem, was uns zurückhält.
Aus Dir kommt der allwirksame Wille,
die lebendige Kraft zu handeln,
das Lied, das alles verschönert
und sich von Zeitalter zu Zeitalter erneuert.
Wahrhaftig – Lebenskraft diesen Aussagen!
Mögen sie der Boden sein,
aus dem alle meine Handlungen erwachsen.
Amen.

Aus: Meditationen und Körperübungen zum Kosmischen Jesusgebet.
Neil Douglas-Klotz, München 1992

XV. Einsichten und Aussichten

Kirchen, Synagogen, Tempel haben nicht nur eine „Schlüsselposition" in der Landschaft, sie sind auch durch geistig-energetische Verbindungslinien, die das „Göttliche" transportieren, miteinander verbunden (siehe dazu das Kapitel VI: Sakrale Linien). So gab es z. B. bei den mittelalterlichen Synagogen Vorschriften, die die räumlichen Abstände der Gotteshäuser bestimmten. Im Buch Deuteronomium 19,2 wird beschrieben, dass Gott seinem auserwählten Volk das Land seiner Feinde gibt, in dem die Israeliten drei Städte gründen sollen, zwischen denen sie aus Gründen des Asylrechts (Totschläger hatten in diesen Städten Asylrecht) drei Wege abschätzen sollten. In der religiösen Praxis wurden davon die „Sabbatwege" abgeleitet. Die zulässige Entfernung der Wohnhäuser von einer Synagoge wurde anhand des Buches Numeri 35,3-5 mit 2.000 Ellen festgelegt. Alternative Möglichkeiten wurden in den orthodoxen jüdischen Ritualvorschriften nicht ausgeschlossen. Die Benediktiner bauten im Frühmittelalter ihre Klöster in Abständen von drei Kilometern, wobei die Anlagen zumeist auf Bergen errichtet wurden.

Und manchmal sind es sogar Energielinien wie Leylinien (Alignements) oder Drachenlinien, die als Meridiane der Erde mit ihren energiefördernden Kräften und Akupunkturpunkten Gotteshäuser verbinden und die Landschaft beleben. Doch nicht nur Gotteshäuser wurden auf „Linien und Orten der Kraft" errichtet. Selbstverständlich bemühten sich die Herrscher vergangener Zeiten und Geschlechter auch energiestarke und machtvolle Standorte für ihre Residenzen zu finden. Voraussetzung dafür war, dass der Bauherr bzw. seine Architekten über entsprechendes Wissen verfügten und nicht nur über Baukunde, Statik und Stil Bescheid wussten.

1. Die Energielinien des Hauses Habsburg

Eine ideale Kombination waren Straßen, Wege und Linien (Alignements), die den sakralen Geist der Gotteshäuser mit der machtvollen Residenz des weltlichen Herrschers verbanden. Dadurch war ein wechselseitiger Energieaustausch möglich. Es konnte aber auch so sein, dass die sakralen Gebäude nur für allzu weltliche Zwecke in den Dienst genommen wurden. So plante der Vater Maria Theresias, Kaiser Karl VI. (1685–1740), die Anlage einer „Via Triumphalis". Durch diese Triumphstraße sollte die Hofburg, die Winterresidenz der Habsburger, mit der bedeutenden, barocken Karlskirche „gemeinsam schwingen". Das Projekt konnte nie verwirklicht werden, weil die notwendigen Geldmittel dafür nicht aufzutreiben waren. Doch noch im heutigen Stadtgefüge ist diese erträumte Straße des barocken Herrschers eindeutig zu erkennen. Es ist eine der bedeutendsten Straßenführungen in der Innenstadt, es ist ein Alignement bzw. auch eine Drachenlinie mit folgendem Verlauf: Sie führt von der prunkvollen Karlskirche über den Karlsplatz zur Wiener Staatsoper und zu dem dahinter liegenden Albertinaplatz und weiter entlang der Augustiner Straße. Dort steht am Straßenrand seit dem frühen 14. Jahrhundert das Augustinerkloster mit der dazugehörenden Kirche.

In der Augustinerkirche gibt es eine Kapelle, die dem hl. Georg, dem Drachentöter, geweiht wurde. Zur Kirche gehört auch eine Gruft, in der es ebenfalls zur Mumifizierung der Leichen kommt wie in der Gruftanlage der Michaelerkirche. Bei den letzten Renovierungsarbeiten in St. Augustin mussten einige Särge verstellt werden, worauf bei den Mumien auf einmal Pilzbefall einsetzte. Als die Särge wieder auf ihre ursprünglichen Plätze zurückgestellt wurden hörte der Bakterienbefall sofort auf. Als Ursache für diese Mumifizierung kommen unterirdische Erdverwerfungen mit austretendem Edelgas (Radon) in Betracht. Somit ist es möglich, diese Linie auch als Drachen- oder Michaelslinie zu bezeichnen, denn sie onduliert und nimmt ihren Weg auch durch die Michaelerkirche. Ihr weiterer Verlauf führt sie durch die Herrengasse (siehe Kapitel Michaelerkirche) und Schottengasse bis zur Schottenkirche und dem Schottenkloster.

2. Die Macht der Habsburger in der Menagerie Schönbrunn

Im Jahre 1751 legte der Architekt Nicolas Jadot de Ville-Issey die Baupläne für die Menagerie des Schönbrunner Schlossparks vor. Die Errichtung eines kleinen Tiergartens war dem naturwissenschaftlich interessierten Kaiser des Heiligen Römischen Reiches, Franz I. Stephan von Lothringen, Gemahl von Maria Theresia, schon lange ein Anliegen. Franz Stephan von Lothringen war Freimaurer und Rosenkreuzer. In seinem „himmlischen Kraftsalon", den wir nachstehend beschreiben, richtete er ein alchemistisches Laboratorium ein, welches durch geheime Gänge mit anderen Gebäuden verbunden war. Berühmte Naturwissenschaftler der damaligen Zeit kamen zu ihm. Bei den Alchemisten denkt man an „Goldmacher", an Menschen, die nach dem „Stein der Weisen" suchten und mit geheimnisvollen Rezepten und magischen Beschwörungen unedle Metallen in edle verwandeln wollten. Wahrscheinlich versuchte man aus Blei Gold zu machen . Es ging den Alchemisten auch darum, das Bewusstsein und das Sein des dem Sinnlichen zugewandten Menschen durch das Bewusstsein und das Sein des wahren, geistigen Menschen zu ersetzen. Das ist ein Grundprinzip aller Mysterienschulen, so auch der Rosenkreuzer.

In einem Kreis um einen zentralen Pavillon, der 1759 errichtet wurde, wurden 12 Abteilungen oder Logen, die der Anzahl der Tierkreiszeichen entsprechen, für Tiere errichtet. Jede Loge war von der anderen durch eine Mauer getrennt. Entlang dieser Trennmauer war eine Baumreihe gepflanzt und die Loge konnte von vorne durch ein Gitter besichtigt werden. Die 13. Loge war für den Menschen vorgesehen: Sie war ein dreigeschossiges Gebäude, in dem sich heute die Direktion des Tiergartens befindet. Entlang der äußeren Ringmauer der Logen wurden ebenfalls 12 Bäume als Schutz gepflanzt. Außerhalb der kreisförmigen Anlage entstand ein Teich mit zwei Inseln und Vogelhäusern. Wahrscheinlich wurden die beiden Inseln für astronomische Beobachtungen auf dem Dach als Fixpunkte und der Teich für Spiegelungen verwendet. Durch drei Alleen, deren Grundriss ein Dreieck ergibt, in dessen Spitze der Pavillon des Kaisers steht, gelangte man in den Mittelpunkt der kreisförmigen Anlage. Eine Dreiecksform betont die Kraft des Geistes.

2.1. Die „Acht“ als Grenze des Irdischen zum Überirdischen und als Wandlungszahl und die Suche nach dem Stein der Weisen

Der oktogonale Kaiserpavillon ist über vier aus den vier Himmelsrichtungen kommende Stiegenaufgänge, die über neun Stufen in das Innere führen, zu betreten. Auch hier treffen wir wieder auf die Zahlensymbolik: Die Neun ist die Symbolzahl der Vollendung und die Zahl, die den Übergang zu Neuem unterstützt, die Neun ist das hebräische Teth, sie steht auch für die Gebärmutter, in der sich das Leben keimhaft entwickelt.

Im Inneren des Pavillons zieren Fresken mit mythischen Gestalten die Decke. Sie tanzen einen Rundtanz, wobei eine Verwandlung der Menschen eintritt, wie in den antiken Sagen des Ovid. Es hängen im „magischen Kraftsalon“ acht große, goldverzierte Spiegel, die das Tageslicht, welches durch je vier Türen und Fenster einfällt, auffangen und mit der Spiegelung der Goldtöne vermischen, so dass es in diesem Raum auch an trüben Tagen scheinbar sonnig ist. Auch das berühmte „Schönbrunnergelb“, der Außenanstrich des Schlosses, stellt den Goldton dar.
Besonders aufwendig wurde das ursprüngliche Wohnzimmer des Kaisers im Schloss – das Vieux-Laque-Zimmer – mit drei verschiedenen Goldtönen (23 1/2 Karat Blattgold) verziert, denn die Farbe des Goldes bedeutet himmlisches Licht. Nicht nur das: Gold ist das Symbol der Sonnenkraft in der Welt der Metalle. Es nimmt eine zentrale Stelle ein, so wie die Sonne der Mittelpunkt ihres eigenen Systems ist. Deshalb gehörte Gold zu zentralen Persönlichkeiten wie dem Kaiser, dem König oder dem Hohepriester, also den Vertretern der Sonne auf Erden. So ist auch die Königskrone aus Gold, denn auf dem Haupte des Regierenden stellt sie den Kraftstrom dar, der von der Sonne auf das königliche Haupt herabfließt – sie leitet die Kraft. Der Gekrönte wird mit einer hohen Energieladung versehen, um dann diese Kraft an sein Volk weiterzuleiten. Gold macht mutig, stark und großzügig. Gold lässt sich kaum manipulieren, Gold ist neunzehnmal schwerer als Wasser. Gold ist der wirksame Stoff der Nerven jener Erde, die wir plündern. Auch in den

Kaiserpavillon im Tiergarten Schönbrunn

menschlichen Nerven und in manchen Getreidesorten kommt Gold vor. Gold ist so stark und zäh, dass es sich zum allerdünnsten Blattgold auswalzen lässt – bis zu einem zehntausendstel Millimeter Dicke. Und aus einem Gramm Gold kann man einen Faden von 35 Kilometer Länge ziehen. Gold bleibt sich also unter allen Umständen treu… wie es ja das Sprichwort schon sagt. In der Alchemie wird Gold mit einem Kreis und einem Punkt in der Mitte dargestellt. In der Astrologie steht die Sonne für das Gold und für die Rosenkreuzer ist Gold das Symbol der Kaisermacht. Dementsprechend sieht auch der Grundriss der Menagerie aus. Der Standort seines „magischen Kraftsalons" war für den Kaiser wichtig: Von hier aus sollte Wohlstand und Kraft in sein Reich transportiert werden. Im Untergeschoss des Pavillons wurde dazu ein Laboratorium eingerichtet, und die weisen Männer der damaligen Zeit mühten sich in der königlichen Kunst der Alchemie. Mit dem noch zu entdeckenden „Stein der Weisen" sollten unedle Metalle in edle verwandelt werden. Wahrscheinlich haben sich dabei eher die Alchemisten nur eine goldene Nase verdient. Symbolisch gesehen ist es eine Suche nach dem Selbst, nach der Seele und nach Gott. Ob der alchemistisch forschende Franz Stephan von Lothringen für sich den „Stein der Weisen" fand, ist leider nicht bekannt.

2.2. Das Jahr 2002: Der Tiergarten Schönbrunn feiert sein 250-jähriges Bestehen - dazu unsere Forschungen und Mutungsergebnisse im Kaiserpavillon

Im Oktober 2001 wurden im Auftrag der Leitung des Schönbrunner Tiergartens Mutungen im Pavillon durchgeführt und wir kamen dabei zu folgenden, äußerst interessanten Ergebnissen:

Zwei Wasserläufe in der Richtung West-Ost und Nord-Süd kreuzen einander in der Mitte des Pavillons. Beide Wasserläufe haben einen Durchmesser von ca. 2,30 m (!), dem entspricht auch die Breite der Eingangstüren. Das Wasser ist „rechtsdrehend" und schwach positiv. Beide Netzgitter wurden gemutet und als relevant und unterstützend für die geistige Arbeit im Pavillon erkannt.
Es gibt hier zwei Leylinien: Die eine führt in Richtung Schloss, die andere in Richtung des 16. Wiener Gemeindebezirks.

Der Pavillon kann als geomantischer Mittelpunkt, als ein „kosmischer Einstrahlpunkt", als ein Gefäß bezeichnet werden, in dem Himmelsenergien aufgenommen werden konnten und durch die Tätigkeit der „wissenden Männer", wahrscheinlich auch transmutiert und angereichert, weitergelenkt werden.
Zielführend und helfend dazu waren die Mauern, die die Logen umgaben. Der Alltagswelt entrückt, gleich einer schützenden Gebärmutter wurde hier ein Bereich für naturwissenschaftliche und spirituelle Tätigkeit geschaffen, ähnlich einem „hortus conclusus".
Kaiser Franz Stephan von Lothringen wusste als Freimaurer und Rosenkreuzer von der Zusammengehörigkeit des Mikrokosmos und Makrokosmos, ganz im Sinne von Paracelsus von Hohenheim, der sagte:
„Die ganze Welt umgibt den Menschen, und er ist von ihr umschlossen, wie der Kreis seinen Mittelpunkt umschließt. Daraus folgt, dass alle Dinge auf diesen einen Punkt bezogen sind… das gilt auch vom Menschen in der Welt, mit der er umgeben ist. In dem Maße, wie Mikrokosmos und Makrokosmos, also Mensch und Natur aufeinander abgestimmt sind, entsteht die Möglichkeit der Harmonie."

Einerseits braucht die Natur den Menschen, damit die in ihr wirkenden Kräfte, die virtutes, sichtbar werden und in uns das lumen naturae entzünden können. Jenes kann aber nur durch das „Lichtwerden im Menschen" (= Einblick in höhere Mysterien durch das Anzünden des latenten Gottesfunken) entstehen.
Die „virtutes", diese wirkenden Kräfte, welche die ganz Natur durchwalten, wollten die Rosenkreuzer entziffern. Es war der Versuch eines „Entbergens", ein Dahinterliegendes zu begreifen, welches allerdings nur lt. Frama Fraternitatis der Rosenkreuzer durch Gottes Gnade und dem „reinen, gutgesinnten" Menschen zuteil wird.
In der Confessio Fraternitatis der Rosenkreuzer wird auf die „Magischen Schriften" angespielt, die die Rosenkreuzer aus der Bibel und aus dem Buch der Natur (Paracelsus hat dieses z.T. auch übersetzt) entnahmen und es wird eine neue Sprache der Rosenkreuzer erwähnt, in welcher zugleich die Natur aller Dinge ausgedrückt und erklärt wird. Es war die Sprache des Paradieses, die auch die Tiere verstanden, in welcher sich Henoch mit den Engeln unterhalten konnte und deren Zauber in den Gesängen der Orpheus wirksam wurde.
Wenn die Rosenkreuzer sich rühmen, die Geheimnisse dieser esoterischen Ursprache zu kennen, so sind sie fähig, Gottes Sprache in der Schöpfung zu enträtseln. Die alten Rosenkreuzer rühmten sich sogar die sogenannte Sprache der Vögel zu verstehen, die ebenso die Sprache der Götter ist und mit geistiger Erkenntnis gleichgesetzt wird. Vielleicht forschte Kaiser Franz Stephan von Lothringen auch in diese Richtung ...?

Viele Naturwissenschaftler, Ärzte und Forschende suchten den Weg zu den Rosenkreuzerzirkeln, da deren Weltanschauung ein Gegengewicht zum Rationalismus der Aufklärung zeigte. Der ausgezeichnete wissenschaftliche Ruf verbürgte ein hohes, kulturelles Niveau des Ordens. Die Manifeste der Rosenkreuzer betonen jedoch die Unerreichbarkeit ihres Wohnortes, wenn man nicht dazu berufen ist.
Die rosenkreuzerische „Orientierung" zeichnet sich durch Universalität aus, denn die verwendeten Symbole entsprechen den Archetypen des kollektiven Unbewussten. Die jedem Symbol anhaftende Ambivalenz berechtigt das paradoxe Verhalten, Geheimnisse zu offenbaren. Dieser Widerspruch ist aber nur ein scheinbarer.
Das Wort „Symbol" (griechisch, „symballein") bedeutet zusammenwerfen, und Nikolaus von Cues schrieb in seinem Buch „Vom wissenden Nichtwissen", dass die sichtbaren Dinge in Wahrheit Bilder der unsichtbaren sind. Im Symbol wirkt das Bezeichnende als „Bild", welches den Sinn, also das Bezeichnete, zugleich enthüllt und verbirgt.
Jedes Symbol ist ein Kryptogramm, das die Gegenwart eines unaussprechlichen Seienden oder eines numinosen Archetypus signalisiert, ebenso wie der Mythos, der Symbole zu einer erzählerischen Geschichte kombiniert und vereint.

Im Pavillon gibt es ein nicht sehbares Symbol des Rosenkreuzer Ordens: Das Kreuz, welches durch die beiden unterirdischen Wasserläufe gebildet wird.

Bei den Rosenkreuzern symbolisiert der vertikale Balken den Abstieg der göttlichen Gnade und Kräfte, die sich über die Erde ergießen und den dankbaren Auf-

stieg der Seelen zu Gott, während der horizontale Balken die Verbreitung des Evangeliums und der Nächstenliebe veranschaulicht. Der Mittelpunkt wird bestimmt durch zwei sich kreuzende Geraden und steht für die Idee der Ganzheit. Unter Ganzheit verstehen die Rosenkreuzer ein göttliches Lebensfeld, in dem alle Geschöpfe durch den göttlichen Willen miteinander verbunden sind. Der Mittelpunkt ist somit auch identisch mit Christus, der auf dem Kreuz alles vereinigt und verklärt.
Das Kreuz ist auch das Symbol der Quaternität, die mit der göttlichen Trinität die Natur bzw. Materie als Viertes zusammenbringt.

2.3. Ein Blick auf die Symbole an und um den Pavillon

Die Hauptfigur der Alchemie ist Hermes, oder Mercurius, der als Quecksilber bald Wasser-, Feuer-, bald Luftgeist sein kann und er wird als wankelmütig und verschmitzt bezeichnet. Er erfreut sich gleichermaßen der Gesellschaft der „Guten wie der Bösen" und es ist gut verständlich, dass möglicherweise auch aus diesem Grund sehr viele Abwehrsymbole am Pavillon die Gesellschaft der „Bösen" abschrecken sollte.
Vom Dach beginnend nach unten sind **Jünglingsgestalten, Doppelhenkelgefäße**, ein **Januskopf, Quastenmotive, Spiralen, Girlanden, Waffenbündel**, eine **Muschelschale**, zwei **androgyne Gesichter** und zwei **Abwehrfratzen** erkennbar.

Bei den gut sichtbaren liegenden **Jünglingsgestalten** dürfte es sich um Genien handeln. Vom lateinischen Begriff Genius (Erzeuger, Schöpfer) ableitend, glaubte man, dass es sich dabei um Leben erzeugende und erhaltende höhere Wesen handelt. Der Genius bestimmt das Wesen des Menschen und begleitet ihn als Schutzgeist durch das Leben und erinnert an den christlichen Schutzengel. Es gab die Vorstellung bei den antiken Griechen, dass der Mensch einen guten und einen bösen Genius an seiner Seite hat.
Der Volksglaube hat jedoch den Genius immer nur mit einem guten, beschützenden und inspirierenden Geist in Verbindung gebracht. Zumeist ist dieser mit einem Füllhorn dargestellt.
Hier dürfte es bei jenem mit der Girlande spielenden Jüngling um den guten und bei jenem ohne Attribut um den bösen Genius handeln. Sie sind am Dach über den vier Maueröffnungen (Türen) zu sehen und ihr Platz deute auf eine beeinflussende und schützende Wirkung hin.

Die **Doppelhenkelgefäße oder Vasen:** Ein Gefäß gilt als das universelle Symbol des Weiblichen. Im mütterlichen Schoß ist Zuflucht und Schutz möglich. Es verkörpert das Nach-innen-Gerichtetsein und innere Werte, aber auch Fruchtbarkeit, besonders in Verbindung mit dem Wasser. Daher sind bei den Verkündigungsszenen Mariens Gefäße oder Vasen dargestellt. Im alchemistischen Sinn bewahrt das Gefäß die Gegensätze, nämlich die Vorstellung des Empfangens und der Entwicklung (Schwangerschaft) und des Aus-sich-Entlassens (Geburt). Es findet ein Empfangen und eine Ernährung dessen, was umgewandelt werden soll, statt. Für die Alchemisten kann sich eine Verwandlung und Erneuerung in jeder Art von Gefäß,

wie in einem Kelch, Krug, Kessel, Vase usw. vollziehen.
Sind Vasen mit Blumen dargestellt, deutet das die Flüchtigkeit des Lebens an. Blumen verkörpern das passive Prinzip, welches von der gefäßartigen Kelchform abgeleitet wird. Und Früchte stehen für Unsterblichkeit, die Essenz, den Höhepunkt und das Ergebnis eines Zustands, aber auch für den Keim eines nachfolgenden Zustands.
Um den Pavillon sind sechzehn Vasen aufgestellt.

Jünglingsgestalten/Genien, Doppelhenkelgefäß, Spiralen

Der einzige **Januskopf** am Dach des Pavillons ist auf einer doppelhenkeligen Vase über dem Westeingang zu sehen.
Janus, eine römische Gottheit wird stets mit zwei in jeweils entgegengesetzte Richtungen blickenden Gesichtern, nämlich einem jungendlichen und einem alten, faltigen und oft bärtigen, dargestellt. Er gilt als Gott des Anfangs, des Übergangs, des Durchgangs, des Schöpfungsprozesses und des Endes. Durch die Darstellung des Januskopfes wird auf die alchemistische Tätigkeit im Pavillon angespielt. Er blickt nach Westen, wo die Sonne untergeht und ein Schöpfungsprozess, eine Wiedergeburt des Zentralgestirns beginnt.

Im Volksglauben schreibt man der **Quaste** eine hohe Heil- und damit auch Abwehrfunktion zu. Bereits im Alten Testament wird die Quaste als Heilssymbol erwähnt. Nach Nm. 15,38 ff und Dt. 22,12 muss jeder Israelit an den vier Zipfeln seines Obergewandes Quasten tragen. Sie sollen die Träger an die Gebote Gottes erinnern und die Rabbiner haben den von den Quasten ausgehenden Segen mit vielen Worten gepriesen. Wie bereits erwähnt, wird dem Übernatürlichen, dem Guten wie dem Bösen, menschliche Eigenschaften zugeschrieben und dadurch ist es möglich, eine weitere Wirkung der Quaste zu erklären. Alles Unangenehme vermeinte man vertreiben, verscheuchen zu können und dazu eignen sich auch heute noch besonders gut die Wedel, die durch eine Vielzahl von Bändern oder Fransen zusammengebunden sind, die dann eben eine Quaste ergeben. Wir finden Quasten überall dort, wo besonderer Schutz vonnöten ist: bei den Priestergewändern,

bei Fahnen, bei Pulverflaschen, beim Militär, bei Trachtenhüten, beim spanischen Matador, bei Hausfassaden ...
Beim Pavillon sieht man die Quastenmotive über den Eingängen, weil von dort durch die Maueröffnungen eindringendes Böse (Geister) verscheucht werden kann. Hier kommt die apotropäische Wirkung der Quaste voll zur Geltung.

Die **Spirale** ist ein sehr komplexes Symbol und ist bereits in prähistorischer Zeit auf Felsbildern und Megalithbauten vorgekommen. Es gibt einen Bedeutungszusammenhang mit der Vorstellung von zyklischen Bewegungen wie bei Sonne, Mond, Wasser ... und Entwicklungen wie Geburt und Tod. Ebenso ist sie ein Symbol der Schöpferkraft und der Fruchtbarkeit. Die Spirale hat auch Anteil an der Deutung des Labyrinths, wo es um die Rückkehr zum Zentrum, um das Wiedererlangen des Paradieses geht, nicht ohne vorher die Schwierigkeiten der Lebensfahrt zu meistern und um Erkenntnisse, Bewährungsproben, Initiationen zu erfahren.
Die labyrinthförmigen Darstellungen der Spirale an Gebäude haben eine abwehrende Bedeutung: Sie sollen feindliche Mächte und Geister verwirren und Ihnen den Eintritt verwehren. Die Spiralen sind unter den bewachenden Genien und in den Konsolen erkennbar. Auch an den Sockeln der den Pavillon umgebenden Vasen sowie am Gitterzaun sind sie positioniert und allesamt nach außen gerichtet. Sie wirken eindeutig apotropäisch.

Die **Girlanden**, die über den Eingängen und Fenstern zu finden sind, drücken Weihe, Ehrerbietung, und hier die Erhabenheit und Heiligkeit der experimentellen Wissenschaft aus. Sie sollen aber auch das Glück zwingen, das für ein solches Tun absolut nötig ist. Sie deuten auch das Aneinandergebundensein an.

Die **Waffenbündel, Fackeln und Liktorenbündel:** Wie überall und zu jeder Zeit bedeuten Waffen Kampf, Macht, oft sogar übernatürliche Macht. Die über den Fenstern angebrachten Waffenbündel, versetzt mit allgemeinen Symbolen, nehmen sowohl auf die Tätigen als auch auf deren Tätigkeit Bezug.
Der **Fackel** wird allgemein die reinigende Wirkung des Feuers zugeschrieben. Sie deutet das Leben an, das Lebensprinzip, das Männliche, die Intelligenz, die Wahrheit und die Unsterblichkeit. Eine umgekehrte Fackel, wie sie oft auf Gräbern zu sehen ist, symbolisiert das erloschene Leben. Am Pavillon erinnern sie an die Vergänglichkeit.
Die **Liktorenbündel, Fasces**, waren im antiken Rom die Zeichen für die richterliche Gewalt und die juristische Autorität. Die Fasces werden als ein Bündel von Ruten, die die Bestrafung andeuten und in dem ein Beil, das Symbol für die richterliche Gewalt, steckt, dargestellt.
Zusammen mit Schwert und Schild steht das Liktorenbündel für die Autorität und für die Unverletzlichkeit der Träger von weltlicher, geistiger und auch geheimnisvoller Mächte.
Pfeil und Bogen mit Schwert und Helm demonstrieren nicht nur Krieg, Schutz, Bewahrung und Macht, sondern auch geheime Gedanken, Zeit und Vergänglichkeit, weisen aber auch auf Blitz, Feuer und Sonne hin, die in der Alchemie wichtige „Zutaten“ sind und gleichbedeutend für Weisheit stehen. Wir haben es hier mit einer typischen „Yang-Kraft“ zu tun.

Der **Schild** bedeutet Unverletzlichkeit und Sicherheit. In Gemeinschaft mit Pfeil und Bogen und Helm wird die Macht der Wissenschaft demonstriert, die aber trotz all ihrer Stärken doch von Zeit und Vergänglichkeit überschattet wird. Und der **Lorbeer** symbolisiert den Sieg und den Triumph; im antiken Sinn jedoch nicht nur den Sieg, sondern auch die Waffenruhe und den Frieden. Seine immergrünen Blätter versprechen Ewigkeit und Unsterblichkeit. Ein Lorbeerzweig und -kranz mit Pfeilen steht für die Macht, den Sieg und ewigen Triumph der Wissenschaft.

Die **Muschelschale** ist das Symbolgefäß des nährenden Mutterbodens, des Lebens, der Fruchtbarkeit. Doch auch des Grabes, aus dem der Mensch neu auferstehen wird.
Die Muschelschalen finden Sie hinter den Abwehrfratzen und den androgynen Gesichtern, an den Gefäßen zwischen den Genien und an den Podesten der Vasen rund um des Kaisers Pavillon.

Der **Zopf** ist ein Teil der Symbolik des Knotens, der u.a. auch das dem Menschen vorbestimmte Schicksal bindet, also für das Unausweichliche steht. Ein Knoten wirkt aber auch dämonenabwehrend. Das Lösen von Knoten bedeutet Freiheit, die Lösung von Problemen. Beachtenswert sind die beiden eher lose ineinander geschlungenen Zöpfe. So soll dieses lose Übereinanderliegen der Zöpfe im Sinne eines aufgelösten Knotens die Probleme, die im Zuge der wissenschaftlichen Arbeit immer wieder auftreten, lösen helfen. Hier wird das androgyne Gesicht vom Zopf umrahmt.

Das Böse abzuschrecken, zur Umkehr zu zwingen - was konnte dazu führen und wie macht man es am besten? Eine Möglichkeit sieht vor, durch eine vorbeugende Abschreckung mittels den **Abwehrfratzen** die „bösen, wilden Geister“ dorthin zu schicken, woher sie kamen …

Dieses Phänomen begründet sich auf der Vorstellung, dass der böse Geist sein ausgesuchtes Opfer dann nicht befällt, wenn ihm eine abscheuliche Schreckfratze entgegenblickt. Das kann bei den verschiedensten Kult- und Brauchtumsmasken beobachtet werden oder auch an Gebäuden, von denen oft die abscheulichsten Fratzen herunterblicken und dadurch apotropäisch wirken. Ein sehr gutes Beispiel ist die beschriebene Westfassade von St. Stephan. (siehe Seite 59).
Die Abwehrfratzen sind über dem West- und Ost-Eingang des Pavillons zu bestaunen.

Das letzte Symbol, das ich Ihnen noch am Dach des Pavillons zeigen möchte, ist das **androgyne Gesicht**. Diese Darstellung, die keinen eindeutigen Schluss auf das tatsächliche Geschlecht zulässt – ist es nun ein knabenhaftes Mädchengesicht oder ein mädchenhaftes Knabengesicht? – hat ihren Ausgangspunkt in der Schreckgestalt der Gorgo-Medusa.
Im Mittelmeerraum hat sich, von Kreta ausgehend, ein Krakenkult ausgebildet. Hier war sicher die Unheimlichkeit und die Gefährdung des Menschen durch die Krake ausschlaggebend gewesen. Seine von den mit acht Saugnäpfen bewehrten Fangarmen ausgehende Kraft, seine träge und böse blickenden Augen, dazu noch der harte Biss des Papageienschnabels der Kopffüßer, haben dieses Lebewesen

androgynes Gesicht, umrahmt von einem Zopf, Girlanden

schon in der Antike zu einem gefährlichen und daher als apotropäisch verehrten Meeresbewohner gemacht. Das Andersartige, das Unheimliche und Bedrohende erscheint bei den griechischen Unterweltdämonen, die mit Schlangen im Haar dargestellt werden. Und die finden ihre Entsprechung wieder in den acht Tentakeln der Krake. Auch die drei Gorgonen, von denen eine, nämlich die, die als einzige sterblich ist, Medusa genannt wird, sind alle schlangenhäuptige Jungfrauen. Medusa hatten neben ihrem schrecklichen Aussehen noch eine weitere Eigenschaft: Ihr Anblick verwandelte alle und alles auf der Stelle zu Stein. Ein Vorzug, den man vor allem gegen den bösen Blick benützen kann. Perseus gelingt es nun, dieser Medusa das Haupt abzuschlagen.

Die enge Beziehung zwischen der Krake und Medusa wird in frühen Medusendarstellungen deutlich, die auffallend stark Kraken ähneln. Der Schutz und Abwehrcharakter des Gorgonenhauptes zeigt sich deutlich in der Tatsache, dass das Medusenhaupt z.B. auf Trinkgefäßen und auf Gräbern als Apotropaion diente. Mit dem Bild des Todesdämons sollte auch der Tod abgewehrt werden. Mit der Zeit verliert das Gorgonenhaupt seine ursprüngliche Darstellung mit acht Schlangenhaaren und einem drohend gefletschten Gebiss. Etwa 400 v. Chr. finden sich anstatt der Schlangenhaare nur mehr lockig zerzaustes Haar, und anstatt der Beißdrohgeste stellt sich nur mehr ein leicht schmerzlich geöffneter, breitgezogener Mund dar. Doch auch diese entschärfte Darstellung wird mit der Zeit milder und milder, bis sie jenes indifferente androgyne Aussehen annimmt.

Diese beiden androgynen Gesichter über dem Süd- und Nord-Eingang stellen wohl eine Mutation des apotropäischen Medusenhauptes dar und dürften eher in Richtung Maske zu interpretieren sein. Die Maske bedeutet Transformation und im Pavillon wurde nach derselben geforscht. Aber gleichzeitig warnt eine Mutation des Gorgonenhauptes vor dem, was dahinter steckt. Und somit haben wir es hier wieder mit einer versteckten Form des Abwehrzaubers zu tun.

Um den Pavillon sind Blumenparterre angelegt und sie zeigen in ihrer gegenwärtigen Form ein **„Sterbe- und Werdemotiv"** in der Form von miteinander verbundenen Spiralen.
Die bereits erwähnten **sechzehn Gefäße**, allesamt mit Blumen und Früchten geschmückt, sind um das Gebäude herum positioniert. Sie stehen auf Sockeln, die Spiral- und Muschelmotive aufweisen. Sie weisen auf die Flüchtigkeit des Lebens, aber auch auf die Unsterblichkeit der Wissenschaft hin. Und natürlich auch auf das Ergebnis der fruchtbaren, wissenschaftlichen Tätigkeit. Die Spiralmotive, die sich auch in den Gittern fortsetzen, sind nach außen gerichtet und haben daher eine abwehrende Bedeutung.

Wissenschaftliche Tätigkeiten und alchemistische Experimente als hochgeistige Betätigung brauchen Stimulation, die von kreuzenden Wasserläufen sehr gut empfangen werden kann.
So eine ideale Konfiguration gab es offensichtlich nur an dieser Stelle. Die bei angestrengter und konzentrierter geistiger Betätigung freiwerdenden geistigen Kräfte und Felder sollten nicht nur den wissenschaftlichen Experimenten dienen, sondern auch die nicht minder wichtige Tätigkeit des Regierens positiv beeinflussen. So wurde die Linie Pavillon – Schloss mit all dem versehen, was der Übertragung dieser positiven Energien entgegenkam und unterstützte:
durch die **Baumallee**, die den Namen Tiergartenallee trägt, das **Wasser** in den Najadenbrunnen sowie den **Vasen** und **Statuen**.

In den **„gestutzten" Baumalleen** konnte die Energie ungehindert und frei zirkulieren. Bäume wirken als Antennen, welche die Qualität einer Strahlungsquelle, es ist in diesem Fall der Pavillon, als „Zeuge" in den Raum verbreiten oder wie hier auch bündeln und lenken können.
Das Chi, die Od-Kraft, die Gedanken wurden zum Mittelpunkt des Schlosses geschickt.

Das **Wasser** wiederum besitzt die Eigenschaft, ätherische Kräfte, Informationen, Gedankenfelder, sehr gut zu binden. Durch die beiden Najadenbrunnen geschieht dies und durch die aufsteigenden Fontänen können Energien aufgenommen werden. Es entstehen dadurch auch wieder neue Energiezentren und die beiden Najadenbrunnen gehören als solche Energiepunkte auch zum Sephirotischen Baum der Gartenanlage, der nachfolgend noch näher beschrieben wird.

Erhaben und bedeutsam stehen zwei Statuen seitlich der Tiergartenallee. Es sind die Zwillinge Apollo und Diana. Apoll repräsentiert die männliche Schöpferkraft der Sonne und Diana die weibliche Kraft des Mondes. Skulpturen, Darstellungen verbreiten ein gewisses Numen, einen göttlichen Hauch, eine Ätherkraft. Durch die Setzung der Bäume und Sträucher in Fächerform vor der Statue Dianas konnte ihre weibliche, energetische Yin-Kraft zu der Tiergartenallee aufgefächert fließen. Vielleicht konnte damit eine Bereicherung und ein Ausgleich zu den Energien der männlichen Gelehrten erfolgen und das hat sich wahrscheinlich auch auf die Politik im Hause Habsburg ausgewirkt.

Das Yin-Yang-Modell erklärt:
Yang ist Qui, das Helle, der Tag, die Sonne, das Männliche, das Aktive, das Nichtmaterielle, das Nichtsichtbare, das Nichtfassbare.
Yin ist die Substanz, das Dunkle, die Nacht, der Mond, das Weibliche, das Bewahrende, das Materielle, das Sichtbare, das Fassbare.

Die scheinbare Zufälligkeit, mit der dieser Pavillon in den Park des Schlosses Schönbrunn gestellt wurde, täuscht. Keine der das Schloss umgebenden Kleinarchitekturen steht so weit vom Hauptgebäude entfernt wie dieser Rundbau.

Kennt man die Absicht die dahinter steckt, wird das Rätsel rasch gelöst.

Wissenschaftliche Tätigkeiten und alchemistische Experimente als hochgeistige Betätigung brauchen Stimulation, die von Wasserläufen am besten empfangen werden kann, mehr noch, wenn sie einander kreuzen; und eine solch ideale Konfiguration gab es offensichtlich nur an dieser Stelle. Die bei angestrengter und konzentrierter geistiger Betätigung frei werdenden geistigen Kräfte, die ein Feld formen, sollten nicht nur den wissenschaftlichen Experimenten dienen, sondern auch die nicht minder wichtige Tätigkeit des Regierens positiv beeinflussen.

So wurde die Linie Pavillon – Schloss mit all dem versehen, was der Übertragung dieser positiven Energien entgegenkam, sie unterstützte:
Wasser (Najadenbrunnen), Bäume(Anlage einer Allee), Vasen und Statuen. Mit einem Wort: Der Kaiserpavillon, als ein Ort der Wissenschaft, fungierte gleichzeitig auch als ein Kraftwerk, das die verantwortungsvolle Tätigkeit des Regierens im Schloss unterstützen half.

2.4. Die „bewusste“ Gartengestaltung

Sollten Sie im schönen **Schlosspark von Schönbrunn** spazieren gehen, fällt Ihnen vielleicht die gelungene, harmonische und stimmungsvolle Anordnung der Wege,

gestutzte Allee

der Grünflächen und der Bauwerke auf. Es ist das geomantische Wissen, kombiniert mit Zahlensymbolik, welches hier zur Anwendung kam. Drei schnurgerade Alleen, die zum Pavillon in der Menagerie führen, sorgen für einen dynamischen Energiefluss. Es ist gut vorstellbar, dass aus diesem Grunde die Bäume geschnitten und gestutzt wurden, um ein freies und ungehindertes Zirkulieren der Energien sicherzustellen. Denn der Kaiser empfing Energie, und er war „verpflichtet", diese angereichert an sein Volk wieder abzugeben. Eine verlängerte Kraftlinie bzw. eine Allee der Menagerie führt direkt auf das Schloss zu und trifft sich mit einer anderen Baumallee (mit „gestutzten" Bäumen) direkt im Zentrum des Schlosses bei der großen Galerie. Diese andere Baumallee beginnt bei einem Obelisken, einem „Setzstein", der kosmische Energie auffängt und mit irdischer Kraft verbindet, diese abgibt und weiterleitet. Das ist ja schon aus der Megalith-Zeit bekannt. Ein Obelisk symbolisiert Stärke und Weisheit. In Ägypten wurden in alter Zeit die Spitzen der Obelisken sogar mit Gold verkleidet. Nun, die beiden beschriebenen Linien transportierten universale Kraft, die in der Großen Galerie in großer Menge benötigt wurde. In dieser wunderschönen, 43 m langen Galerie empfing man die Staatsgäste, hier wurde Außenpolitik betrieben und zu allen Zeiten im Überschwang getanzt und gefeiert.

In früheren Zeiten gab es im Schlosspark auch einen „Wandelgang" oder Irrgarten für Suchende, die verschiedene menschliche Daseinszustände oder Ebenen bewusst durchschreiten und wieder verlassen wollten. Wie aus einem Plan um 1750 ersichtlich, bestand dieser aus sechs verschieden gestalteten Teilen. Im Verlauf der folgenden Jahrzehnte wurde das Labyrinth ständig vereinfacht, bis im Jahr 1892 die letzte Hecke gerodet wurde. Wegen seiner Dichtigkeit diente er Zwecken, die auszuführen in öffentlichen Anlagen verboten waren. Eine Neueröffnung des verkleinerten, aber ähnlich gestalteten Irrgartens fand im Sommer 1999 statt. Zu dieser Anlage bemerkt die Schönbrunn Kultur- und Betriebsges.m.b.H. folgendes: *„Das Labyrinth ist eine Reise ins Unbekannte, um deine geistigen Helfer für Liebe und Partnerschaft zu finden. Zwei speziell geweihte und aktivierte große Steine stehen symbolisch für das Männliche und das Weibliche, für die Yin- und Yang-Energien. Sie erwarten dich am Ende des Labyrinths im Schutz eines großen alten Baumes. Für Harmonie in der Beziehung sollte der Mann den weiblichen Stein und die Frau den männlichen Stein umarmen."*

Ebenso kann auch bei anderen Gartenanlagen dieser Zeit, wie beim Schloss Belvedere in Wien, die Beschäftigung mit der irdischen und menschlichen Gefühlswelt und mit der Seele, mit ihren Weiten und ihren Dimensionen festgestellt werden. Es ist die Suche nach dem Schönen und Guten, verborgen in der Bilderwelt der barocken Gärten.

Doch zurück in die Gartenanlage des Schlosses Schönbrunn: Wagen wir einen Versuch, und deuten wir die Gartengestaltung hinter dem Schloss im Sinne des Baums des Lebens, der das zentrale Symbol der jüdischen Kabbala ist. Der Name „Kabbala" wird von einem hebräischen Verb abgeleitet, das sowohl „geben" als auch „empfangen" bedeutet. Diesen gleichzeitigen Vorgang des Gebens und Empfangens bezeichnet man als „Kabbala". Die Kabbala ist eine mystische Geheimlehre, die vor allem im Mittelalter gepflegt wurde. Sie wird aus der Tradition beschrieben, als ein Einweihungsweg vorgestellt und als göttlicher Bauplan bezeichnet. Sie gilt auch als Gebrauchsanweisung für die menschliche Intelligenz. Der erwähnte Lebensbaum ist eine Glyphe, ein graphisches zentrales Symbol der Kabbala, welches aus zehn Zahlen besteht, die durch zweiundzwanzig Linien oder Pfade miteinander verbunden sind. Diese zehn Zahlen verteilen sich auf drei „Säulen", auf die rechte, die mittlere und die linke. Die rechte Säule besteht aus den Zahlen 2, 4, und 7. Auf der mittleren Säule stehen die Zahlen 1, 6, 9 und 10 und auf der linken Säule die Zahlen 3, 5, 8. Was bedeuten diese Zahlen? Was ist der hinter ihnen stehende Sinn? Dazu zwei graphische Darstellungen des Baumes mit den markanten Punkten, die die einzelnen Zahlen darstellen und die dazu definierbaren, der jeweiligen Sphäre entsprechenden Plätze im Garten.

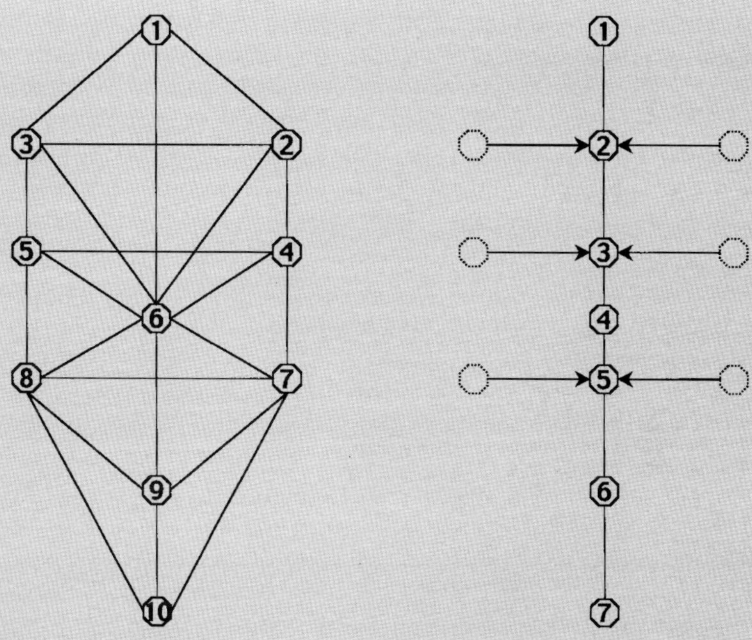

1 Kether / Gloriette
2 Chockmah /Wegkreuzung
3 Binah / Wegkreuzung
4 Chesed /Wegkreuzung mit Statue der Diana
5 Geburah /Römische Ruine
6 Tiphereth /Neptunbrunnen
7 und 8 Netzach und Hod / Najadenbrunnen Sonnengeflecht-Chakra
9 Jesod / Parterre vor dem Schloss
10 Malkuth /Schloss

1 Kronen- bzw. Scheitel-Chakra
2 Stirn-Chakra
3 Hals-Chakra
4 Herz-Chakra
5 Solarplexus,
6 Bauch-Chakra
7 Fuß- oder Basis-Chakra

Die Zahlen werden im hebräischen „Sephirot" genannt, der Singular dazu lautet Sephirah. Ungewöhnlich ist für uns nur die Reihenfolge der Zahlen, denn wir sind gewohnt von links nach rechts zu lesen und zu schreiben. Im Hebräischen und Arabischen liest und schreibt man aber von rechts nach links. Die Reihenfolge der Sephirot ist also korrekt. Die Sephiroth des Baumes symbolisieren zehn verschiedene Emanationen Gottes. Das sind Entwicklungsstufen, Ausstrahlungen oder modern gesprochen, Sendequalitäten, Frequenzen Gottes. Es sind die Ausströmungen der „ersten Ursache, der ursprünglichen Qualität", die wir Gott nennen. Die Sephiroth sind untereinander verbunden. Es sind Pfade, die man beschreiten kann und die, gleich unserem Blutkreislauf, über einen Rücklauf verfügen. Es ist ein Kreislauf, der von der ersten Sephirah bis zur letzten oder untersten und von der letzten, untersten, bis zur obersten in Bewegung ist. Die Sephirah 1 ist Kether, die Oberste Krone und die Sephirah 10 ist Malkuth, Herrschaft. Malkuth ist der tiefste Punkt der Verstrickung des Geistes mit der Materie. Von diesem Punkt aus kann es nur mehr aufwärts gehen: zurück zu Gott, zum Ursprung alles Seienden, zur Einheit – zur Sephirah 10. Dies kann auf verschiedenen Pfaden oder Wegen geschehen, genauso wie jeder Mensch zu seinem Gott individuell (zurück-)finden kann. Die Sephirot 3 und 2, 5 und 4 sowie 8 und 7 verhalten sich gegensätzlich zueinander. Diese polaren Kräfte sollen ausgeglichen werden um eine harmonische Persönlichkeit sein zu können. Gelingt dieser Kräfteausgleich, so nähern sich die Sephirot 3 und 2, 5 und 4 und ebenso 8 und 7 einander an. Der Punkt ihrer Verschmelzung ist die Mitte. Beim Lebensbaum ist die mittlere Säule die Linie der Vereinigung der gegensätzlichen Sephirot. Aus den ursprünglichen zehn Sephiroth, die sich auf die linke, auf die rechte und auf die mittlere Säule verteilten, sind nun sieben Sephiroth geworden, die auf der Hauptsäule des Bewusstseins zu liegen kommen. Sie ist die Achse, auf der sich die widerstreitenden polaren Kräfte neutralisieren. Sie ist die harmonische Mitte, in der die Gegensätze miteinander verschmelzen: männlich und weiblich, Yin und Yang. Im menschlichen Körper ist diese Mitte die Wirbelsäule. An ihr entlang verteilen sich von der Basis unseres Leibes bis hinauf zum Scheitel die sieben Energiezentren unseres feinstofflichen Körpers, die schon besprochenen Chakras. Sie entsprechen unterschiedlichen Bewusstseinsebenen. Der Lebensbaum der Kabbala lässt sich mit den Chakren des feinstofflichen menschlichen Körpers in Deckung bringen, und zwar auf folgende Weise:

1 – ursprünglich Kether, Kronen, bzw. Scheitel-Chakra

2 – Verschmelzung der Sephiroth 2 und 3, steht nun für das Stirn-Chakra (Drittes Auge)

3 – die beiden Sephiroth 4 und 5 stehen jetzt für das Hals-Chakra

4 – die Sephirah 6, sie lag bereits auf der Hauptsäule – sie ist das Herz-Chakra

5 – in der Mitte zwischen den Sephiroth 7 und 8 liegt der Solarplexus, das Sonnengeflecht-Chakra

6 – die Sephirah 9, die schon auf der Hauptsäule lag, ist somit Sitz des Bauch-Chakras

7 – Sephirah 10 (Malkuth), sie ist nun das Fuß- oder Basis- Chakra

Durch eine vorherige Bewusstmachung durch Meditation (modern: updaten, um kompatibel zu sein) und durch das Abschreiten der wählbaren Pfade in der von uns beschriebenen Gartenanlage in Schönbrunn, können die Kräfte der Seinszustände „angezapft“ werden. Der Bewusstseinskosmos dieses Lebensbaumes ist multidimensional. Durch das Abschreiten der Pfade erfahren wir möglicherweise stärkende Kräfte. Eines gilt aber auf alle Fälle: Der Pfad ist das Ziel. Machen wir uns gemeinsam auf den Weg.

Die unterschiedlichen Seinszustände werden durch die Sephirot ausgedrückt, weshalb wir im Folgenden eine kurze Beschreibung der Symbolik der einzelnen Sephirah versuchen.

Die Sephirah 1: Kether, des Baumes Krone
„Ich bin der Herr, dein Gott.“

Kether trägt alles in sich. Raum und Zeit, Materie und Energie. Kether ist der, der er ist: vielfältig. Aus Kether kam das Universum und ohne Kether wurde nichts, was geworden ist. In ihm war das Leben, und das Leben war das Licht der Menschen. Und das Licht leuchtet in der Finsternis, und die Finsternis hat es nicht ergriffen. Doch so einfach ist es für uns nicht: Dunkelheit umgibt das Licht, und wir Menschen, Kinder Gottes, sind sehr oft mit „dunklen Schatten“ konfrontiert. Wir nennen sie Armut, Einsamkeit, Krankheit, Trauer, Missgunst, Neid... Bekannt mit Schattenerfahrungen werden wir eines Tages „heimkehren“, vielleicht auch dadurch innerlich reifer und reicher.

Die Sephirah 2: Chockmah
„Du sollst den Namen des Herrn, deines Gottes, nicht missbrauchen.“

Gott ist grenzenlos. Das Unbegrenzbare mit Worten zu definieren wäre zum Scheitern verurteilt. Wenn Sie sich mit dem Hammer auf die Finger klopfen und „Herrgottnocheinmal“ ausrufen, dann ist das unbedeutend. Jedoch Gott individuelle Grenzen zu setzen, ihn z. B. nur als Schöpfergott zu sehen, wäre eine Eingrenzung. Der Sephirah Chockmah werden die Attribute Energie, Dynamik und eine aktive, treibende Kraft zugeordnet. Chockmah ist der Odem, der göttliche Funke, der Geist, der „beflügelt“. Der „Kick“, der inspiriert, der Beethoven komponieren und Goethe erkennen und dichten ließ. Chockmah ist Geben. Doch was nützt es, wenn niemand empfängt. Dafür gibt es die nächste Sephirah, nämlich Binah.

Die Sephirah 3: Binah
„Der siebte Tag ist ein Ruhetag, dem Herrn, deinem Gott, geweiht.“

Es ist der Tag, an dem die Arbeit ruht und an dem man sich mit Dingen beschäftigt, die im Laufe der Arbeitswoche zu kurz kommen. Es ist der Tag des annehmenden Verstehens, man kann lesen und Gedanken aufnehmen. Binah ist der weibliche Teil Gottes, die Urmutter, die empfängt (von Chockmah) und gebiert. Die Energien Chockmahs finden in Binah den notwendigen Gegenpol. Greifen wir doch zu:

Öffnen wir uns für Inspirationen, für Impulse und Anregungen. Doch das ist während der Hektik des Arbeitstages schlecht möglich, daher wurde der Tag der Ruhe geschaffen, an dem wir uns Gott öffnen können. – ... denn ich bin der Regen, der dich nässt, ich bin der Fluss, in dem du badest, und ich bin die Stimme in deinem Inneren, wenn du ruhend mich hörst... – Chockmah symbolisiert den männlichen, befruchtenden Impuls, und Binah ist weiblich. Binah empfängt den männlichen Impuls und verleiht die Form und die Gestalt.

Die Sephirah 4: Chesed

„Du sollst deinen Vater und deine Mutter ehren, auf dass es dir wohl ergehe und du lange lebest auf Erden."

Vater und Mutter sind, dem Sephirotischen Baum zufolge, Abba und Aima, Chockmah und Binah. Sie sind die Eltern unserer Seele, nämlich Geist und Materie. Liebe und lebe und verbinde beide in Harmonie und mache keinen Unterschied! Chesed ist die Sephirah der harmonischen Organisation und der komplexen Strukturen. Das Chaos weicht der harmonischen Ordnung. Chesed ist aufbauend, beschützend und vergebend. Wenn Chesed dies vermag, dann muss es auch das Destruktive geben. „Gut" und „Böse" ergibt eine spannungsgeladende Wechselbeziehung. Chesed braucht wie jede andere Sephirah den Widerpart, und das ist Geburah. (Chesed: Frieden, Heirat, Schutz – Geburah: Krieg, Scheidung, Bedrohung)

Die Sephiroth stellen Prinzipien dar, deren Kräfte durchaus in der alltäglichen Realität zu finden sind. Zur Sephirah Chesed gehören auch die Eigenschaften Wohlwollen, Gutmütigkeit, Vertrauen, Milde, Verzeihen, Harmonie etc. Doch auch solche Eigenschaften brauchen einen Gegenpol. Denn leider wird ein Zuviel oft als Dummheit und Schwäche ausgelegt.

Die Sephirah 5: Geburah

„Du sollst nicht töten."

Geburah repräsentiert die Kräfte der Zerstörung und Stärke. Dass das nicht unbedingt böse sein muss, zeigt das Töten von Bakterien und Viren. Dieses kraftvolle Prinzip ist z.B. wirksam bei der Zerschlagung von Rauschgiftringen, beim Sturz von menschenfeindlichen Regimen und Ähnlichem. Gäbe es nur die Kräfte des Aufbaues, die Chesed zugeschrieben werden, dann würde es kein Ende geben und das Universum würde ewig wachsen und wachsen und in sich altern. Kein Tod und kein neues Leben wäre möglich.

Die Sephirah 6: Tiphereth

„Du sollst nicht die Ehe brechen."

Es ist das Gebot, die gottgewollte Ordnung nicht zu brechen und die innere Harmonie und Ausgewogenheit zu erhalten. Es ist eine sehr komplexe Sephirah, nämlich die der Erlösung, der Harmonie und des Opfers. Hier wirkt die Liebe und eine freie Kraft. Intuitive Kräfte und Fähigkeiten im Menschen werden gefördert. Diese Sephirah ist eine Brücke zwischen Bewusstem und Unbewusstem, zwischen Form und Kraft.

Die Sephirah 7: Netzach

„Du sollst nicht stehlen."

„Deine Kräfte sind dir nicht gegeben, damit du dir persönliche materielle Vorteile verschaffst. Sie sind dein Werkzeug, genau, wie auch du ein Werkzeug bist. Hilf und gib, anstatt zu schädigen oder zu nehmen, denn was du anderen zu tun glaubst, das tust du in Wirklichkeit dir selbst." Netzach ist auch eine Sephirah der kreativen Naturkräfte und die Sphäre der Elementarwesen. Netzach ist eine magische Sphäre, die man nicht unbedarft betreten soll. Goethes Gedicht „Der Zauberlehrling" schildert das sehr anschaulich. Der Nehmende sollte auch etwas geben. Wenn man nichts geben kann, sollte man darum bitten, es geschenkt zu bekommen.

Die Sephirah 8: Hod

„Du sollst nichts Falsches gegen deinen Nächsten aussagen."

Hod gilt als Sphäre der Kommunikation, des Austauschs. In Hod soll Unaussprechliches formuliert werden, in ein Bild oder ein Symbol übersetzt werden. Hier findet Übersetzerarbeit statt – in Wort gekleidet oder verkleidet.

Die Sephirah 9: Jesod

„Du sollst nicht begehren Deines Nächsten Haus."

Jesod symbolisiert das Fundament. Das ist die eigene tragfähige Grundlage, die uns vor üblen Konsequenzen bewahrt, die eintreten, wenn wir „auf Sand gebaut" haben. Wichtig ist nicht die Position des Fundamentes, wichtig ist auch nicht die Größe des Hauses, wichtig ist der eigene Wille, aus eigener Kraft selbst zu bauen und auf das aufzubauen, was man selbst ist. Das Haus ist das Resultat eines mühsamen Entstehungsprozesses. Kraft, Verzicht, Rückschläge, Liebe, Ideen und Zuversicht sind seine Bestandteile. Wer seines Nächsten Haus begehrt, der möchte im Grunde nichts anderes, als sich die Mühen eines Aufbaues zu ersparen und betrügt sich dabei selbst um die entgangenen Erfahrungen.

Die Sephirah 10: Malkuth

„Du sollst nicht begehren Deines nächsten Weib, Knecht, Magd, Vieh oder alles, was sein ist."

Es ist eine Warnung vor einem destruktiven Seelengift: dem Neid. Haben zu wollen, was ein anderer besitzt, nützt gar nichts. Hier gibt es ein Zauberwort, es heißt: „Wie innen, so außen." Ändert man sich jedoch selbst, werden sich die äußeren Lebensumstände verändern. Malkuth bietet die Chance zur inneren Transformation. Mit Malkuth ist der tiefste Punkt des Pfades erreicht. Er endete in der Materie und von hier aus kann der Rückweg angetreten werden. Der Lebensbaum ist ein Fahrplan für die Reisen durch verschiedene Bewusstseinszustände, und das Vehikel dazu sind wir selbst. Auf verschiedenen Pfaden ist es auch möglich, die Altlasten, die geistigen Fesseln zu lösen. Geist und Materie sind gleichberechtigt. Sie sind zwei Aspekte der selben Ur-Sache. Der gewählt Weg wird uns formen und dabei ist nicht der weltabgewandte Asket das Ziel, sondern der lebensbejahende, bewusste, welterkennende und weltverändernde, liebevolle Mensch.

Der Schönbrunner Garten zeigt eine klare Zweiteilung. Die linke Hälfte ist eine geordnete, symbolträchtige Anlage, die rechte Hälfte diente hingegen der Pflege der Naturwissenschaften; hier befinden sich noch der Tiergarten, der Botanische Garten und das Palmenhaus. Der Garten mit seinem logischen System von durchlaufenden, strahlenförmigen oder diagonal angeordneten Wegen wird erstmals kartographisch in einem Plan aus dem Jahr 1754 dargestellt. Als Urheber und Vollender des Schönbrunner Gartensystems werden mehrere Garteningenieure und Hofarchitekten genannt. Im Laufe der Zeit erhielt der Garten immer weitere architektonische Akzente, so z. B. einen mythologischen Figurenschmuck, der u. a. zur Belebung der Natur gedacht war. Die ursprüngliche Zusammenstellung dieser Gartenillustration durch die Statuen von Göttern und Helden der Antike war keine zufällige, sondern ein sorgfältig durchdachtes ikonographisches System, das heute größtenteils nicht mehr besteht. Die Bedeutung der Gartenanlage liegt jedoch nicht in den Einzelheiten, sondern im Ganzen.

3. Der Walzer, der magische Tanz des Lebens

Ein Ort der Kraft kann aber auch kreiert werden: Es ist dann ein vergänglicher, ein kurzfristiger Kraftort. Das können gemeinsam gestaltete Abläufe und Zusammentreffen sein, wie eine rauschende Ballnacht oder eine lustige, dynamische Tanzveranstaltung, die solch „schwebende" Kraftplätze entstehen lassen.

„Der Wiener Kongress tagt nicht, er tanzt!", hieß es im Jahre 1814, als die Teilnehmer, die europäischen Staatsoberhäupter und Fürsten, in Wien eine Neuordnung Europas festlegten. Nach wie vor tanzt man leidenschaftlich gerne Walzer in der Musikstadt Wien. Er wird getanzt in der Hofburg, im Schloss Schönbrunn, in der Oper, in den Palais, im ehemaligen Pavillon des Kaisers Franz Stephan von Lothrin-

Blick auf Schloss Schönbrunn

gen und an vielen anderen Orten. Dass ein Mann und eine Frau einander in den Armen halten, um öffentlich zu tanzen, wurde lange Zeit als skandalös empfunden. Es bedurfte mehrere Jahrhunderte des Kampfes, bis der Paartanz, der Walzer, sich durchsetzen konnte. Die Musik und der Tanz überwinden viel leichter Grenzen als andere Kulturgüter. Der Tanz kann ein nationales Zusammengehörigkeitsgefühl auslösen, wie z.B. in Frankreich zur Zeit der Französischen Revolution. Der Tanz ist ein Ereignis, das sich zu einem bestimmten Zeitpunkt an bestimmten Orten abspielt und bei dem bestimmte soziale Schichten mitwirken. Er kann sich aber nur dann ausbreiten, wenn die Musik einige Zeit vorher die Grenzen zu anderen Ländern überschritten hat.

Der Tanz begann mit gemeinschaftlichen Drehbewegungen, wobei die Paarbeziehung noch offen war, sich jedoch allmählich zu schließen begann. Jetzt begann man sich eng zu umschlingen. Das Umfassen und Drehen der Generationen war anstößig und die Obrigkeiten waren immer bereit zu strafen. Die Reformatoren waren in Bezug auf den Tanz sehr liberal eingestellt. Martin Luther wie Melanchthon tanzten mit großem Vergnügen – was man ihnen natürlich vorhielt. Warum hatte die Obrigkeit Angst vor dem Tanz? Man fürchtete um die soziale Kontrolle, wenn beim temperamentvollen Rundtanz die Schranken fielen. Als 1789 die Pariser Bastille gestürmt wurde, hielt man eine Tafel mit der Aufschrift hoch: „Hier wird getanzt!"

Die Wirkung des Rundtanzes

Durch die ununterbrochene Wiederholung der Drehfigur tritt eine Verselbständigung des Körpers ein, eine „Ich-Aufgabe", die einen Einstieg in einen Trancezustand ermöglicht. Ein rauschhafter Effekt stellt sich ein. Beim Walzer dreht man sich sehr rasch, und die Drehung bewirkt, dass der Walzertänzer schwindlig wird. Dadurch kann man in einen Zustand der Bewusstseinsveränderung geraten. Die Besonderheit des Walzers besteht aber nicht allein in der runden Drehbewegung, sondern in der Paar-Drehbewegung. Es entsteht ein „Gruppentaumel", dessen Basis das Paar darstellt. *Bei der Drehbewegung wird die Rotation der Chakren angeregt. Eine wohltuende Wirkung entsteht. Die Lebensenergie wird beschleunigt. Offen ist man nun auch für die Energie des Partners. Ein Austausch und ein Verschmelzen von männlicher und weiblicher Energie setzt ein.* Doch es entsteht kein kompletter Rückzug, keine Konzentration des Paares auf sich selbst, sondern es ist dies ein Rückbezug auf die Gruppe, auf die Gemeinsamkeit der Gesellschaft. Davon wissen auch die „tanzenden Derwische", die Sufis, und die Ausführenden der Übungen der „5 Tibeter". Nur sind bei diesen zuletzt genannten Bewegungen keine Partner vorgesehen. In der Choreographie des Walzers ist etwas ewig Gültiges geblieben. *Die Paare vollziehen ähnlich den Planeten die Bahn einer doppelten Spirale. Während sich das Paar ständig um seine Achse dreht, bewegt es sich gleichzeitig auf einer weiten Kreisbahn. Es ist die Doppelspirale, die Lemniskate, die eine ausgleichende Lebensenergie aufweist. Der ¾-Takt des Walzers ist auch der Rhythmus des Atmens, es ist der Rhythmus des Lebens.* Der Rundtanz ist von therapeutischem Nutzen: Er belebt, er gibt Kraft und daher wird die Walzermusik auch in der Musiktherapie verwendet.

Diese Kraft konnte auch auf eine beginnende sozial-politische Umformung im 19. Jahrhundert wirken, als sich das starre Gefüge der alten Gesellschaftsordnungen lockerte und sich allmählich neue Ordnungen herausbildeten. Denn im Rundtanz, in der Bewegung des Walzers spürten die Tänzer die menschlichen Verbindungen untereinander und die Gleichheit aller Tanzenden und damit aller Menschen. In den Massen, die von der Drehbewegung fortgerissen wurden, gab es keine Standesunterschiede mehr. Eine neue, gesellschaftspolitische Entwicklung wurde damit „ertanzt".

War die Kraft des Walzers der ausschlaggebende Grund dafür, dass die Ahnen des „ungarischen Juden", gemeint ist damit Johann Strauss Sohn, 1941 „arisiert" wurden? Jedenfalls konnte damit seine lebensbejahende und stärkende Musik auch in der Zeit des Nationalsozialismus weiter gespielt werden. Die Musik anderer jüdischer Komponisten wurde verboten.

4. Genrebilder der Stadt „Verkauft's mein Gwand, ich fahr in Himmel..."

Gehen Sie zuerst zum Friedhof und Sie werden sehen, wie die Menschen einer Stadt mit ihren Toten umgehen. Sie können damit ihre Beziehung zum Tod erahnen, nicht aber ihren Umgang mit dem Sterben. Wir ehren und gedenken intensivst unserer Toten, doch wir fürchten die Begegnung mit den Sterbenden. Wir lassen sie, medizinisch bestens versorgt, in den Spitälern sterben. Es gibt in Wien eine ausgezeichnete mobile Hospizbetreuung, die in allen Bereichen unterstützt und hilft, auch in der Trauer. Wien hatte Ende 1999 1.608.144 Einwohner, aber nur 30-40 Hospizbetten. Die Hospiz-Leistungen sind sehr aufwändig und teuer und daher sind alle diese Einrichtungen, europaweit, auf Spenden angewiesen. Am Ende des Buches sind aus diesem Grund drei Kontonummern der Caritas-Hospiz-Betreuungen in Wien, in der Schweiz und in Deutschland angeführt – falls Sie ein wenig Kleingeld dafür übrig haben.

Kathedrale am Zentralfriedhof

Steinkreis, Zentralfriedhof

Feuerplatz am Zentralfriedhof

Und sie, die von uns Gehenden, brauchen unsere Liebe, unsere Fürsorge, unseren Trost, unsere Anerkennung, unseren Dank und unser Gebet in ihrer letzten Stunde. Sie hinterlassen uns ja auch etwas – wie das ganz wunderbar in den „Zehn Ratschläge eines Sterbenden an seinen Begleiter, seine Freunde, seine Engvertrauten“

(aus der Broschüre „Park der Ruhe und Kraft“ des Wiener Zentralfriedhofs) ausgedrückt wird: *„Und wenn dir mein Sterben ferner und ferner rückt, die letzten Kondolenzbriefe beantwortet sind, und du, wie es jedermann erwartet, in Trauer verharren willst, so wehre dich mit aller Kraft. Das viele Trauern in der Welt ist eine Seite unseres Unglaubens, und das Schlimmste ist, dass gerade so viele Christen Ernst mit Traurigkeit verwechseln und von der Sonne singen, ohne sie zu leben. Du sollst wissen, dass ich der Auferstehung näher bin als du selbst. Nimm in dein Leben mit, was wir zusammen erlebt haben, als ein kostbares Vermächtnis. Lass mein Sterben dein Gewinn sein. Lebe dein Leben fortan ein wenig bewusster als dein Leben vor dem Tod. Und es wird schöner, reifer und tiefer, inniger und freudiger sein, als es war vor meiner letzten Stunde, die meine erste ist.“*

Viele Bewohner der Stadt, die die Kulturgeschichte mitprägten, liegen am Wiener Zentralfriedhof, in Reihen Seite an Seite. Der Wiener Zentralfriedhof, oft besungen und besucht, ist die Stadt der 3.000.000 Toten und der zweitgrößte europäische Friedhof nach Hamburg.

Der Zentralfriedhof bietet seit Juli 1999 einen Landschaftspark, der nach geomantischen Kriterien angelegt wurde. Auftraggeber war die Wiener Magistratsabteilung 43, in deren Zuständigkeit die Friedhöfe im Stadtgebiet fallen. Mit der Gestaltung wurde ein geomantische Aspekte berücksichtigender Architekt betraut, und die Radiästhesie legte man in die Hände „Fühlender“, die auch bei den Mutungsarbeiten in den hier beschriebenen Kirchen mitgearbeitet haben. Es ist ein außergewöhnliches Projekt, welches zeigt, dass die Radiästhesie und die Geomantie bei den städtischen Planungen der Magistratsabteilung 21B, zuständig für Stadtteilplanung und Flächennutzung, Anerkennung erfährt. Der Park der Ruhe und Kraft wurde beim III. Tor des Zentralfriedhofes, Gruppe 23, angelegt. Es ist eine große Wiese mit altem Baumbestand, wo keine Toten beerdigt wurden. Der Park bietet den Besuchern Ruhe, Besinnung und Kontakt mit den Kräften der Natur, insbesondere mit den Pflanzen und Bäume, mit den Steinen und der Erde. Durch eine fein abgestimmte Folge von verschiedenen Landschaftsgestaltungen, der auch kosmische und terrestrische Kräfte entsprechen, wird der Besucher zum Schauen und Spüren angeleitet und zur Bewusstwerdung seiner Gefühle geführt. Es sollen dadurch Blockaden gelockert, Trauer abgeladen und die Einheit in und mit der Natur erlebt werden, und – wenn es an der Zeit ist – eine innere Bereitschaft aufgebaut werden, das Vergangene loszulassen und ein neues, bewusstes Leben zu beginnen. Er lädt zum Krafttanken und zum Meditieren ein. Er ist aber auch ein Lehrpfad für Pflanzen, Bäume und Steine, weil alle Objekte mit erklärenden Tafeln versehen sind. Die Kraftbereiche wurden ebenfalls gekennzeichnet. So entstand ein unterstützender, helfender und energetisch ausgleichender Ort der Kraft und Ruhe in einem Bereich der Trauer, der Tränen und der Toten.

5. Die alten Hinrichtungsstätten

In der „guten, alten Zeit“ gab es in Wien mehrere Hinrichtungsplätze. Zwei davon werden wir hier beschreiben. Sie sind die „Schattenplätze“ unserer Geschichte. Wenn man die menschlichen Tragödien des jeweiligen Ortes erkennt und zu ihnen steht, dann kann mit den „unerlösten, diffusen“ Energien an solchen Orten etwas getan werden und vielleicht beginnt und wächst damit eine neue Harmonie und Ordnung an diesem Platz. Ein gutes Beispiel dafür ist der **Albertinaplatz** hinter der Staatsoper mit seinem Mahnmal gegen Krieg und Faschismus. Auf diesem Platz starben im Philipphof 1945 über 300 Menschen während eines Bombenangriffes. Das eindringliche Mahnmal zeigt die Leiden der Menschen während des Krieges in den Konzentrationslagern, und eine Tafel hält fest, was auf diesem Platz im Jahr 1945 geschah. Dieser Platz hat sich zu einem kraftvollen Treffpunkt für verschiedenste Protestkundgebungen entwickelt. So demonstrierten hier im Frühjahr 1999 tagelang Hunderte Menschen gegen den Nato-Einsatz in Serbien. Auf diesem Platz wird Gefühlen und Stimmungen ehrlich Ausdruck verliehen, so dass es möglich ist, ihnen offen zu begegnen.

Gleich um die Ecke befindet sich der **Lobkowitzplatz**, wo früher Hinrichtungen vollzogen wurden. Hier war früher auch ein Schweinemarkt, der sich bis zum heutigen Albertinaplatz erstreckte. Die Delinquenten wurden hier enthauptet. Dass ein Wiener Bürgermeister mit zwei Ratsherrn hier geköpft wurde, wird durch eine Gedenktafel erzählt. Weder der Lobkowitzplatz noch der Albertinaplatz sind anheimelnde Verweilplätze. Im Palais Lobkowitz fand 1804 die Uraufführung der III. Symphonie Beethovens, der Eroica, im privaten Rahmen statt. Er widmete dieses Werk ursprünglich Napoleon, strich die Widmung aber, als er hörte, dass Napoleon sich in despotischer Manier selbst zum Kaiser gekrönt hatte.

Der **Hohe Markt** ist einer der ältesten Richtplätze der Stadt. Hier wurden Verurteilte geköpft und gerädert. Hier wurde auch zwischen 1547 und 1710 der Narrenkotter aufgestellt, eine Art Gitterkäfig, in den Menschen wegen kleinerer Vergehen gesperrt und der Bevölkerung zur Schmähung ausgeliefert wurden. Übeltäter konnten aber auch an den Pranger gebunden werden, wo an ihnen Prügelstrafen und Auspeitschungen vollzogen wurden, oder in eine „Schandfiedel", ein Halseisen eingeschlossen werden. Die Urteile wurden vom Söller des städtischen Gerichtsgebäudes, der Schranne, verkündet. Der Hohe Markt ist ein lauter, relativ verkehrsintensiver, disharmonischer Platz ohne einen kleinen angenehmen Freiraum für menschliche Kommunikation. Durch die leider nicht gut gepflegten öffentlichen Toiletteanlagen ist in dem umgebenden Bereich Geruchsbelästigung vorhanden, die dazu beiträgt, dass Vorbeikommende weiter eilen. Gleich zwei Geschäfte, die Pelze und Häute von Tieren verkaufen, haben sich hier niedergelassen. Ein gut florierender Würstlstand, vor der Einmündung der Wipplingerstraße gelegen, hilft rasch über einen aufkommenden Hunger hinweg. Der Vermählungsbrunnen in der Mitte, der die Liebe und die Achtung des Ehepaares Maria und Joseph zeigt, bildet ein energetisches Gegengewicht. Aber es ist wegen des vorbeifahrenden Verkehrs fast nicht möglich, der Darstellung genügend Aufmerksamkeit und Zuwendung zu geben, um die energetisch-verbindende Kraft wirken zu lassen. Es wäre schön, wenn auf diesem Platz ein oder zwei Ahornbäume, die als natürliche Ruhepole und Schattenspender wirken könnten, gesetzt würden. Eine kleine, moderne Skulptur, eventuell mit einer Beleuchtung und einer Gedenktafel, die kurz über die Geschichte des Ortes Auskunft gibt, könnte den unerlösten

Seelen helfen. Vor allem dann, wenn man durch diese Darstellung angeregt würde, stehen zu bleiben und durch die Gedenktafel der Getöteten zu gedenken. Zur Zeit ist hier kein Platz für eine wirkliche Begegnung.

Malina

Ein Tag wird kommen an dem die Menschen schwarz-goldene Augen haben Sie werden die Schönheit sehen sie werden vom Schmutz befreit sein und von jeder Last Sie werden sich in die Lüfte heben sie werden unter die Wasser gehen sie werden ihre Schwielen und ihre Nöte vergessen Ein Tag wird kommen sie werden frei sein es werden alle Menschen frei sein auch von der Freiheit die sie gemeint haben Es wird eine größere Freiheit sein sie wird über die Maßen sein sie wird für ein ganzes Leben sein

Ingeborg Bachmann

6. Der Judenplatz

Der Judenplatz bildete unter dem Namen „Schulhof" bis 1421 den Mittelpunkt des damaligen Ghettos. Der Platz ist in sich harmonisch und ruhig und macht einen geschlossenen Eindruck. Am ältesten Haus, es ist das Haus Judenplatz 2, ist eine Tafel mit der Darstellung der Taufe Christi im Jordan angebracht. Die Inschrift weist mit antisemitschen, zynischen Worten in lateinischer Sprache auf die Judenmorde und auf die Vertreibung des Jahres 1421 hin. Ein Jahr zuvor, im Herbst 1420, hatten achtzig Juden in der Synagoge Selbstmord verübt, nachdem man sie verfolgt und die im Tempel Eingeschlossenen tagelang belagert hatte. Achthundert Gemeindemitglieder wurden auf ruderlosen Schiffen auf der Donau ausgesetzt und mehr als zweihundert Menschen auf der Gänseweide vor der Stadt verbrannt. Die mittelalterliche jüdische Gemeinde Wiens war mit diesen blutigen Geschehnissen ausgelöscht.

Im Oktober des Jahres 1998 wurde eine Gedenktafel mit folgendem Inhalt angebracht:

„Kiddusch Haschem" heißt „Heiligung Gottes". Mit diesem Bewusstsein wählten Wiener Juden in der Synagoge hier am Judenplatz – dem Zentrum einer bedeutenden jüdischen Gemeinde – zur Zeit der Verfolgung 1420/21 den Freitod, um einer von ihnen befürchteten Zwangstaufe zu entgehen. Andere, etwa 200, wurden in Erdberg auf einem Scheiterhaufen lebendig verbrannt. Christliche Prediger dieser Zeit verbreiteten abergläubische judenfeindliche Vorstellungen und hetzten somit gegen die Juden und ihren Glauben. So beeinflusst nahmen Christen in Wien dies widerstandslos hin, billigten es und wurden zu Tätern.

Somit war die Auflösung der Wiener Judenstadt 1421 schon ein drohendes Vorzeichen für das, was europaweit in unserem Jahrhundert während der nationalsozialistischen Zwangsherrschaft geschah. Mittelalterliche Päpste wandten sich erfolglos gegen den judenfeindlichen Aberglauben, und einzelne Gläubige kämpften erfolglos gegen den Rassenhass der Nationalsozialisten. Aber es waren derer viel zu wenige. Heute bereut die Christenheit ihre Mitschuld an den Judenverfolgungen und erkennt ihr Versagen. „Heiligung Gottes" kann heute für die Christen nur heißen: „Bitte um Vergebung und Hoffnung auf Gottes Heil."

Durch diese Tafel, die ein Schuldbekenntnis festhält, findet eine Art Beichte statt. In der Beichte liegt eine heilende Kraft. Sie ist eine notwendige Einrichtung, denn durch sie können die Schattenseiten „aufgehellt" werden. Es ist wichtig, positive und negative Energien zu trennen. Und ebenso wichtig ist es für die Opfer aber auch für die Täter, zu beten.

Ein Denkmal für Gotthold Ephraim Lessing, der für Toleranz in Glaubenssachen eintrat, ist hier am Platz aufgestellt. Es vermittelt die Atmosphäre kluger Menschlichkeit. Die gemütlichen Beiseln um den Platz herum laden zum Aufeinander-Zugehen und zum Zusammensitzen ein. Als Erinnerung an das hier geschehene furchtbare Leid ist seit kurzem eine nach außen gestülpte Bibliothek in kubischer Form über der ehemaligen Synagoge, in der der kollektive Selbstmord stattfand, errichtet worden. Dieser steinerne „Bibliothekskubus" ist ein Mahnmal für die österreichischen Opfer der Schoa. Bücher wurden in der Geschichte der Menschheit oft verbrannt, denn sie können das Gedächtnis repräsentieren, Identität stiften, Werte ändern und auch den Alltag bestimmen. Bücher stehen für Geist und Wissen, für intellektuelles Schaffen und Walten, welches nach außen dringen und heilsam für die Menschen wirken soll. Diese unendlichen Bibliothekswände demonstrieren gesammeltes Wissen und gesammelte Erinnerungen. Am Boden rund um die Bücherwände sind die Namen der Orte niedergeschrieben, an denen die Menschen zu Tode kamen. Dadurch ist es möglich, auch dem individuellen Gedenken Raum zu geben. Das Mahnmal ist als solches gelungen: Es löst Entsetzen und Bestürzung aus.

Im Kellergeschoss des Museums am Judenplatz Nr. 8 erinnern die archäologischen Reste der Synagoge an das Jahr 1420. Dorthin führt ein Gang und er endet in einem imaginären Raum. Und an diesem berührenden, auf die Gefühle reduzierten Platz ist es möglich, eine gedankliche Verbindung einzugehen, eine gefühlsmäßige Erfahrung zu suchen und der Menschen zu gedenken. Hier gibt es keine multimedialen Simulationen und Interaktionen.

1789 wohnte und komponierte W. A. Mozart am Judenplatz 4. Hier vollendete er seine Oper „Cosi fan tute". Vielleicht stärkte seine Musik diesen Platz, der von den umgebenden Häusern eingeschlossen, versucht, seine Identität zu zeigen und zu wahren.

7. Schau dir die Stadt von oben an

Wird das Stadtbild von Wien mehr von den Kirchtürmen oder mehr von den profanen Hochhäusern geprägt?

Es ist zweifellos letzteres der Fall. Unter den zum Himmel ragenden Gebäuden fallen besonders die Flaktürme aus dem 2. Weltkrieg auf. Sie konnten nach dem Krieg aus sicherheitstechnischen Gründen nicht gesprengt werden. Die Explosion hätte zu viele Häuser in der Umgebung beschädigt, wenn nicht sogar zerstört.

In der Leopoldstadt, dem zweiten Wiener Gemeindebezirk, stehen zwei dieser Flaktürme im Augarten. Uns haben die radiästhetischen Gegebenheiten interessiert, weshalb wir Mutungen vornahmen.

Flakturm

Das Ergebnis verblüffte uns:
Konzentriert, engmaschig, in 20 cm Abständen liegen die Reizzonen verformt um die Bauwerke herum. Bei keiner Kirche, bei keiner Kapelle hatten wir derartige Mutungen gemacht. Ob dadurch der Innenraum reizzonenfrei ist, können wir nicht sagen, da wir im Inneren nicht gemutet haben. Beide Flaktürme im Augarten sind energetisch stark schwächend.
Diese Mutungsarbeiten wurden von uns im Herbst 1998 durchgeführt. Dabei ist es uns körperlich schlecht gegangen, es stellte sich nämlich Benommenheit und Übelkeit mit Brechreiz ein. In meinen Unterlagen findet sich folgende zur Zeit der Mutungen eingetragene Notiz: *Keine Kindergärten, keine Schulen sollten in der näheren Umgebung dieser Türme errichtet werden. Die Kinder könnten in ihrer Feinfühligkeit irritiert werden.*

In den österreichischen Medien wurde ein Jahr später, im Oktober des Jahres 1999, berichtet, dass im Augarten auf einem 4.700 Quadratmeter großen Areal eine Kinderkrippe, eine Volksschule und eine AHS für jüdische Kinder errichtet wurde. Mit Entsetzen habe ich darüber gelesen. Geomantie und Radiästhesie sind anscheinend noch immer so wenig bekannt, dass man sich ihrer bei Bauvorhaben bedient. Es ist wohl nur mehr eine Frage der Zeit, bis es dazu kommt.

8. Wien singt, Wien klingt

Warum kamen sie alle nach Wien, die Künstler und die Musiker?

Wien war die kaiserliche Residenzstadt, und wo die kaiserliche Familie residierte, da ließen sich Adelsfamilien nieder, die zum Teil ihre Ämter in der Hofhaltung ausübten. Die Künstler, die nach Wien kamen, erhofften sich finanzielle Unterstützung in ihrem Schaffen, da Kaiser und Adel als Auftraggeber in Erscheinung traten. Einen Mangel an Inspirationen gab es in Wien nie. Über diesen Sachverhalt schrieb Rudolf Steiner, der Begründer der Anthroposophie (Lehre der Menschenweisheit), der seine Jugend in Wien und Umgebung verbrachte, folgendes: *„Die Stadt Wien liegt nicht nur über einer tektonischen Bruchlinie, sondern auch in einem Gebiet, welches lange Zeit ein Ufer war, eine Grenze zwischen Land – im Westen – und Meer – im Osten. Die Stadt liegt auf einem Boden, wo Osten und Westen sich begegnen. Diese Begegnung gibt Wien seine kulturelle Signatur und Aufgabe. Auch die von West nach Ost fließende Donau kann dieses Bild ergänzen. Das Wiener Becken, einfach der Boden, auf dem Wien steht und die Umgebung enthält eine Vielfalt von europäischen geologischen Verhältnissen, dass man im Wiener Becken fast die ganze europäische Geologie studieren kann. Wenn man erahnen kann, wie innig all das jenige im Geistigen durch den Boden beeinflusst wird, und wenn sie zusammenhalten, dass ja das Substanzielle als solches, die Verhältnisse der Substanzen zueinander, eigentlich die wasserumspülten Tonleitern sind, kann man das Richtige treffen, wenn man sagt, es sei in Wien auch ein solches seelisch-geistiges Milieu, dass dort ganz besonders musikalische Genies sich ansässig machen und sympathisch berührt fühlen müssen."*

XVI. Abschied

Begann es nicht mit einer Flut neuer wissenschaftlicher Erkenntnisse des 17. Jahrhunderts, dass das Universum mechanisiert und der Himmel säkularisiert wurde? Es wurde alles zur gewöhnlichen Materie erklärt und die Landschaft nicht mehr als beseelt gesehen. Die Naturwissenschaften übernahmen das Universum und die Religion die immer kleineren Seelen. Die Hüter der Ordnungen, die Engel, wurden trivialisiert und als mollige, herzige Putti dargestellt. Johann Wolfgang von Goethe war einer der Letzten, der an die Seele der Landschaft glaubte, überzeugt davon, dass es eine Kommunikation zwischen der Landschaft und dem Menschen gibt. Wenn wir eines Tages wieder beginnen, sensibler mit unserer Umgebung umzugehen, kann es uns gelingen, wieder in ein Gespräch mit der Mutter Erde einzutreten. Wir können durch unsere emotionale Aufnahmefähigkeit mit der Landschaft und ihren Dimensionen und mit den verschiedenen Orten der Kraft in Kontakt treten und ihre Wirkung verspüren. Dieser Vorgang läuft bei jedem Menschen anders ab. Und auch bei einander ähnlichen Orten sind die gemachten Erfahrungen und die gewonnenen Eindrücke durchaus nicht gleich. Warum das so ist, konnte bis jetzt nicht geklärt werden. Lassen Sie sich davon nicht irritieren, wenn Sie durch diese Ausführungen Lust auf Entdeckungen und Wahrnehmungen bekommen haben.

Jetzt sind wir am Ende unseres gemeinsamen Spazierganges, der uns durch einige alte Wiener Kirchen, zur Parkanlage der Sommerresidenz des Herrscherhauses Habsburg, zur Stadt der Toten und zu anderen Plätzen mit ihren ganz spezifischen Energien geführt hat, angelangt.

Ich hoffe, dass es für Sie interessant, vielleicht sogar aufbauend und kräftigend und hoffentlich auch schön war.

Zum Abschied wünsche ich Ihnen von ganzem Herzen, dass Sie Ihren *persönlichen Ort der Kraft*, wo immer dieser auch sein mag, für sich entdecken.

Vielleicht treffen wir uns einmal an geheimnisvollen Orten in Wien – vielleicht bei einem meiner Stadtspaziergänge?

Ihre
Gabriele Buchas

∞

Literaturverzeichnis

ATTEMS Franz – Koren Johannes, Schutzheilige Österreichs. Innsbruck 1992.
BAUER Martin, Die Tempelritter. München 1997.
Beiträge des Vereins zur Erhaltung des Stephansdoms. Wien.
BERENDT Joachim-Ernst, Nada Brahma. Die Welt ist Klang. Frankfurt 1983.
BETZ Otto, Das Geheimnis der Zahlen. Stuttgart 1989.
BISCHOF, 1991, bei Pap Robert, Geomantie und Landschaft. Diplomarbeit. Wien 1996.
BOTHEROYD Sylvia – Paul F., Lexikon der keltischen Mythologie. München 1992.
BROCKHAUS, Der Kunstbrockhaus. Mannheim 1987.
BRÖNNLE Stefan, Der Paradiesgarten. Aarau, Schweiz 2001.
CEIKE Felix, Historisches Lexikon Wien. Wien 1997.
COUSTO-KLEEFELD Bernhard, Die kosmische Oktave: der Weg zum universellen Einklang. Essen 1984.
DIETZFELBINGER Konrad, Mysterienschulen. München 1997.
Einheitsübersetzung der Heiligen Schrift. Stuttgart 1980.
FEUCHTMÜLLER Rupert, Der unbekannte Dom. Wien 1994.
FEUCHTMÜLLER Rupert, Der Wiener Stephansdom. Wien 1978
FICHTL Friedemann, Der Teufel sitzt im Chorgestühl. Eschbach 1990.
FIRNEIS Maria G. – Ladenbauer-Orel Hertha, Studien zur Orientierung mittelalterlicher Kirchen. Wien 1978.
FIRNEIS Maria G., Untersuchungen zur astronomischen Orientierung des Domes von St. Stephan. Wien 1984.
FISCHER Peter, Die Virgilkapelle, Mitteilungsblatt Nr. 55 des Österr. Verbandes für Radiästhesie & Geobiologie. Wien 1997.
FOX Matthew – Sheldrake Rupert, Engel – Die kosmische Intelligenz. München 1998.
FRUTIGER Adrian, Der Mensch und seine Zeichen. Dreieich 1991.
GALL Franz, Die Babenberger – und was von ihnen blieb. Wien 1975.
GRASSMAYR Johannes, GmbH & Co. KG, sämtliche Unterlagen zum Glockengießen. Wien.
GREGORIUS Gregor A., Die magische Erweckung der Chakras. Berlin 1978.
GUILIANI Giovanni, Die Wiener Minoritenkirche. Wien 1971. Gütersloh 1986.
HARL, Ortolf, Stephansplatz und Virgilkapelle. Wien 1988.
HELBICH Peter, Das Wagnis der Liebe. Texte zur Orientierung: Franz von Assisi.
HESS Remi, Der Walzer. Hamburg 1996.
HÜRLIMANN Gertrud I., Pendeln ist erlernbar. Zürich 1993.
IVANCSÓ István, Das Gnadenbild von Máriapócs. Passau 1997.
JANTSCH Franz, Kultplätze im Land um Wien. Unterweitersdorf 1993.
JORDAN Harald, Räume der Kraft schaffen. Freiburg, Breisgau 1997.
KANTILLI Mag. C. & G., Drachenlinien Wiens. Römisches Wien. Kaindorf 1992.
KELLER Hiltgart L., Reclams Lexikon der Heiligen und der biblischen Gestalten. Stuttgart 1984.
KINADETER Harald, Heilung Dimensionen einer neuen Medizin. München 1992.
KRUML Milos, Die mittelalterliche Stadt als Gesamtkunstwerk und Denkmal. Dissertation der TU Wien 1992.
KUBIN Ernst, Die Reichskleinodien. Wien 1991.
KUNZE Gerhard, Tiergarten Schönbrunn. Wien 1997.
LEHMANN Johannes, Die Kreuzfahrer. München 1976.
LEXIKON der alten Welt, 3 Bde., Zürich – München 1990.
LINKE Norbert, Johann Strauss. Hamburg 1982.
LURKER Manfred, Wörterbuch biblischer Bilder und Symbole. München 1987.
MAZAKARINI Leopold, Führungen duch Wien, Teil 5. Wien 1997.
MERZ Blanche, Die Seele des Ortes. München 1988.
MERZ Blanche, Orte der Kraft. München 1988.
Mitteilungen des Rektorates St. Ruprecht, Nr. 2/12. Wien 1998.
MÜLLER Rüdiger, Franz von Assisi. Wo uns Hoffnung bewegt. Freiburg 1982.
NESTLER Julius, Die Kabbala von Papus. Wiesbaden 1989.
PAP Robert, Geomantie und Landschaft, Diplomarbeit. Wien 1996.
PARUCKI Maria, Die Wiener Minoritenkirche. Wien 1996.
PERGER Richard – Brauneis Walther, Die mittelalterlichen Kirchen und Klöster Wiens. Wien 1977.
POSCH Waldemar, Die Michaelergruft in Wien. Wien 1981.
POSCH Waldemar, St. Michael in Wien. Wien 1989.
Presse und Informationsdienst der MA 53, Park der Ruhe und Kraft. Wien VII 1999
PURNER Jörg, Radiästhetische Untersuchungen an Kirchen und Kultstätten. Dissertation Universität. Innsbruck 1982
REIFENSCHEID Richard, Die Habsburger in Lebensbildern. Graz 1987.
RICHTER Gert – Ulrich Gehard, Lexikon der Mythologie. Götter, Helden, Heilige. Weyarn 1998.
RITTER Reinhold – Prime Petia, Öffnet aufs Neue die Tore des Lebens. Wien 1997.
SACHS Hannelore u.a., Christliche Ikonographie in Stichworten. Berlin 1998.
SALIGER Arthur, Der Wiener Stephansdom. München 1986.
SALIGER Arthur, Maria am Gestade. Salzburg 1989.
SCHIMMEL Heinz, Der Tanz im Wandel der Zeiten. Rendsburg 1993.
SCHIMMEL Heinz, Eurythmie. Rendsburg 1993.
STEINDL-RAST David, Musik der Stille. München 1995.
STEINER Rudolph, Das Wesen des Musikalischen und das Tonerlebnis im Menschen.
STRÖTER-BENDER Jutta, Engel. Zürich 1988.
ULYDERT Mellie, Mutter Erde. München 1987
Virgil-Kapelle. Wien 1981.
VOLLMAR Klausbernd, Das Arbeitsbuch zu den Chakras. München 1997.
VON LORENTZ Irma, Sternenrhythmen in der Geschichte. Stuttgart 1986.
WAGNER Arfst, Dreigliederung, Anthroposophie und Kunst. Rendsburg 1994/95.
WANDRUSZKA Adam, Das Haus Habsburg. Wien 1987.
WENNERSCHOU Lasse, Was ist Heil-Eurythmie? Dornach 1996. Wien 1977.
WILCOCK John u.a., Geomantie. Löhrbach 1976.
WOLF Katja, Der Kabbalistische Baum. München 1989
ZEHETNER Franz, Ruprechtskirche. Salzburg 1998.

GLOSSAR

1) Anderswelt	Abweichend von den Indoeuropäern stellten sich die Inselkelten ihre Anderswelt, das Reich der Abgeschiedenen, nicht von der realen Welt getrennt vor. Die Anderswelt ist keine abgesonderte unter der Erde oder in himmlischen Gefilden, sondern ist gegenwärtig im Hier und Jetzt. Dutzende Fürsten und Fürstinnen und der Gott der Anderswelt, Dagda, regieren die Anderswelt.
2) Muttergöttin	Die Kelten sahen in den Göttinnen die Vertreterinnen des weiblichen und mütterlichen Prinzips. Das galt auch für die Kriegsgöttinnen, die töteten statt Leben zu geben und verhungern ließen statt zu ernähren.
3) Chi-Ro-Zeichen	Es ist das Christus Monogramm, bestehend aus den zwei griechischen Anfangsbuchstaben X und P.
Basilika	1. Vermutlich ursprgl. das Amtsgebäude des Archon Basileus auf der Agora von Athen. 2. Römische Markt- oder Gerichtshalle 3. Christlicher Kirchenbau: Es ist ein Langbau mit einem erhöhten Mittelschiff und einer Fensterzone. In der Spätgotik verliert die Basilika durch die Hallenkirche, in Renaissance und Barock durch den Zentralbau und die Saalkirche an Bedeutung.
Chakra/Chakren	Das sind die menschlichen Bewusstseins- und Energiezentren im Ätherleib oder energetischen Körper.
Chi/Od/Prana	Wird auch als „kosmischer Atem“, Geist, menschliche Energie, Bio-Energie bezeichnet. Es gibt verschiedene Arten: eine, die in der Erde vorhanden ist eine, die in der Atmoshäre zirkuliert und eine, die sich in unserem eigenen Körper bewegt.
Fries	Bandartiger Streifen zur Gliederung und zum Schmuck einer Wandfläche, meist im oberen Wandbereich.
Hallenkirche	Kirche, bei der im Unterschied zur Basilika alle Schiffe die gleiche Höhe haben.
Mäanderband	In der romanischen und gotischen Baukunst wurden die Friese mit geometrischen, seltener mit pflanzlichen oder figürlichen Darstellungen versehen. Nach diesen Ornamenten werden die einzelnen Friese benannt, wie z.B. Mäanderband, oder Zahnschnittfries.
Mantra	Ist ein ein heiliges Wort oder eine Formel mit energetischen Tonschschwingungen. Es können anrufende Worte oder Sätze sein, die wiederholt werden.
Metropolitankirche	Erzbischöfliche Kirche
Muten	Darunter versteht man das Arbeiten mit der Wünschelrute, mit Pendel oder mit Körperteilen, wie z.B. Hände, Füße Fußsohlen zur Erfassung radiästhetischer Zonen und Energien. Der Mensch selbst ist das anzeigende Instrument, die verwendeten radiästhetischen Werkzeuge dienen nur als Anzeiger.
Verwerfungen	Bei geologischen Veränderungen können Brüche, Verschiebungen und Faltungen entstehen. Es sind Zonen, an deren Verschiebungsstellen eine stärkere Grundstrahlung austritt.

Yin und Yang — Aus dem Chinesischen; es ist ein Ausdruck für zwei gegensätzliche Eigenschaften, die sich ergänzen und ausgleichen. Das gesunde Leben erhält sich nur im Weg der Mitte, im harmonischen Wechsel von Yin und Yang.

YIN:	YANG:
weiblich	männlich
abladend	aufladend
magnetisch	elektrisch
Erde	Himmel

Bei den verschiedenen radiästhetischen und energetischen Mutungen haben mitgearbeitet:

Georg Machè, Günther Kantilli, Johannes Dobler-Habenschuss, DI Gerlinde Stich, Mag. Dieter Stanfel

DANKE

Bei allen, die mich mit Auskunft, Rat und Hilfe unterstützten, möchte ich mich bedanken. Es waren dies Günther Paul Bolze, Mag. Wolfgang Börner, Mag. Michaela Ecklbauer, Ao. Univ. Prof. Dr. Maria Firneis, Mag. Arch. Peter Fischer, Glockengießerei Grassmayer, Johannes Grassmayer, Univ. Doz. Dr. Ortolf Harl, Christian Jahn für seine aufmunternden Worte, SR DI Helmut Johannides, Dr. Milos Kruml, Mag. Sissi Lenhart, DI Robert Pap, Agnes Pintar, Ernst Radler, Pater Nicola Roscic, DI Werner Vogl, Dr. Hubert Zeinar, Mag. Franz Zehetner, Wiener Tourismusverband, meine Söhne Georg und Peter Buchas, und besonderer Dank an Mag. Sabine Schrimpf und Dr. Klaus Weiß.

Ferner danke ich allerherzlichst den Pfarrern der Kirchen, ihren Mitarbeitern und Dombaumeister Arch. DI Wolfgang Zehetner für die Erlaubnis zu den Mutungsarbeiten.

St. Stephan: Dompfarrer Anton Faber, St. Michael: Pfarrer Wolfgang Worsch,

Minoritenkirche: Rektor Johannes Paul, St. Ruprecht: Rektor Joop Roeland,

Maria am Gestade: Rektor Bruno Primetshofer

Nachstehend die Kontonummern von Caritas-Hospiz-Organisationen in Deutschland, in der Schweiz und in Österreich.

Deutschland:	Caritas Hospitz für palliative Behandlung, Stadtsparkasse Köln: BLZ 37050198/Kto.Nr. 7232952
Schweiz:	Stiftung, Begleitung in Leid und Trauer Postsparkasse Winterthur: Kto.Nr. 84-5146-6
Österreich:	Mobiles Caritas Hospiz Wien, Erste Bank: BLZ 20111, Kto.Nr. 068-22088

Buchungen von Führungen und Stadtspaziergängen bitte unter
gabriele.buchas@gmx.at